初始调度调整受限的新到工件单机重调度优化方法

郭艳东　著

科学出版社
北京

内 容 简 介

本书以典型单机重调度为背景，围绕新到工件，研究如何修订最初制订的调度计划，优化调度目标，从而形成一个行之有效的重调度方案。首先综述调度问题的分类、复杂度和经典单机调度问题，进而详细地叙述与本书相关的单机重调度问题，以及本书用到的精确算法和近似算法。在此基础上，本书研究了单机环境下初始调度已知且工件带有不同释放时间，在初始调度调整受限的情况下，一组新到工件需要插入初始调度中完成加工，优化工件等待时间的重调度问题。

本书的研究内容对于解决企业生产实际诉求、应对突发事件具有重要的现实意义，同时对提高现代企业管理理论化水平和丰富重调度理论方面也具有一定的科学价值。本书可作为企业管理者、工程技术人员、高校学生以及相关研究人员的参考书。

图书在版编目（CIP）数据

初始调度调整受限的新到工件单机重调度优化方法/郭艳东著. —北京：科学出版社，2017.8

ISBN 978-7-03-054187-1

Ⅰ. ①初… Ⅱ. ①郭… Ⅲ. ①生产调度–研究 Ⅳ. ①F273

中国版本图书馆 CIP 数据核字（2017）第 200816 号

责任编辑：张 震 姜 红 / 责任校对：彭珍珍
责任印制：吴兆东 / 封面设计：无极书装

科学出版社 出版
北京东黄城根北街 16 号
邮政编码：100717
http：//www.sciencep.com

北京厚诚则铭印刷科技有限公司 印刷
科学出版社发行 各地新华书店经销
*
2017 年 8 月第 一 版 开本：720×1000 1/16
2017 年 8 月第一次印刷 印张：10
字数：170 000

定价：75.00 元

（如有印装质量问题，我社负责调换）

前　言

调度问题在制造业和服务业等领域广泛存在，以适应生产服务管理复杂化和精细化的要求。随之而产生的诸多非经典的调度问题也对传统调度理论和框架提出了挑战。例如，在复杂多变的离散制造系统中，经常有紧急订单、不合格产品返修等突现工件需要加工的情况，导致最初生产计划不能适应当前实际生产状况。因此，本书针对这些初始负荷和实际生产条件等限制情况，以典型单机重调度为背景，围绕新到工件，研究如何修订最初制订的调度计划，优化调度目标从而形成一个行之有效的重调度方案。第 1 章论述了本书所研究重调度问题的背景、目的及意义，介绍了本书的研究路线；第 2 章论述了经典的调度问题的分类及复杂度分类，简单综述了单机调度问题的研究现状，详细综述了单机重调度问题的相关文献和本书涉及的相关算法；第 3 章研究了优化目标函数为最小化最大等待时间与最小化等待时间和，初始调度完全锁定的新到工件单机重调度问题；第 4 章研究了优化目标函数为最小化最大等待时间与最小化等待时间和，初始调度顺序锁定的新到工件单机重调度问题；第 5 章研究了优化目标函数为最小化最大等待时间与最小化等待时间和，初始调度完全调整的新到工件单机重调度问题；第 6 章针对某石英玻璃厂的焊接工位进行了实际案例应用研究；第 7 章总结了全书，提出了未来基于工件考虑的重调度优化问题研究的想法和建议，介绍了目前正在开展的研究内容。

本书在阐述前人的理论和方法方面不求多求全，而力求内容新颖和切合实际，本书的内容多为作者近年来的一些研究成果。在本书的研究和形成过程中，得到东北大学黄敏教授、东北大学王庆副教授和美国 Texas A&M 大学 V.J. Leon 教授的悉心指导和帮助，是他们把作者引入了调度领域；感谢作者现工作单位——渤海大学数理学院的支持。本书获得国家自然科学基金资助项目（21506014）、辽宁省自然科学基金资助项目（201602003）、辽宁省教育厅资助项目（2016006）的资助。

限于作者的经验、学识和能力，书中不足之处在所难免，敬请各行各界人士不吝赐教。

郭艳东

2017 年 2 月于锦州

目　录

1 绪　论

1.1 研究背景

中国的制造业规模已跃居全球首位，科学技术及经济的迅速发展和社会的不断进步在促进制造业和服务业进步的同时，也对其提出了更高的要求，而且随着人们生活水平的不断提高，顾客对服务水平的要求也越来越高。为使经济增长与潜在增长率相协调，与生产要素的供给能力和资源环境的承受能力相适应，必须优化资源配置。企业需要以尽可能低的投入得到尽可能高的产出才能在激烈的市场竞争中生存下来。为实现此目标，企业需要对现有的资源进行合理的安排与调度。而优化现代制造企业的生产管理是优化企业资源配置的重要环节，同时企业精益化的管理也促使生产的每一个环节都成为系统优化的研究对象。

在离散制造企业的生产计划管理中，当制造部门接收到订单后，需对订单上的工作按照先后顺序合理地安排到指定的机器上进行加工。大多数企业在生产之前已经制订了较完备的生产调度计划（称为初始调度），在传统的调度方法中，常常假设设备总是处于待命状态和高效率作业的状态，工件总是处于等待被处理的最佳状态，进而工件的处理时间常被考虑为常量。同时，制造部门也会考虑可能出现的因素并结合各工作的特性进行分析，如是否可以延期交货、延期是否会带来惩罚以及是否对公司的声誉有很大的影响等。对于上述可能出现的问题，制造部门需根据具体情况合理安排生产工作和生产资源，使资源达到最好的配置，保证目标的最优性，即在满足要求的条件下，尽可能地减少资源的消耗，使生产效率和总体效益达到最大化。在实际生产过程中，经常出现的突发事件包括紧急订单、机器故障、处理时间延迟、返工工件处理、订单取消、原材料不可用等，这些事件干扰初始调度，致使初始调度已非最优甚至成为不可行的调度。如图 1.1 所示，事件通常涉及 5 个方面：工件方面（如新工件、返工工件、紧急工件到达，原工件被取消，工件的交货期改变等）；人员方面（如工人缺勤、工人任务分派的改变等）；设备方面（如设备故障、维修等）；原材料方面（如原材料到达时间、数量、类型变化等）；加工方面（如超出预期的准备时间、处理时间等）。需要管理系统或者管理者对突发事件做出反应，在满足实际生产约束的条件下，对初始调度进行适当调整，有效处理突发事件，最终形成适应生产实际需求的最优或近优的新调度方案（称为重调度）。文献[1]和文献[2]已论述了重调度在不同领域中的具体应用，阐述了重调度在调度领域产生巨大影响的研究热点。因此，对重调度问题进行深入的探讨与研究，不仅能更好地满足现代企业中生产计划管理的实际要求，而且能进一步丰富调度理论。然而重调度既要保证针对突发事件的有效执行，又要受到初始负荷的一些条件限制，所以重调度问题一般比较复杂。

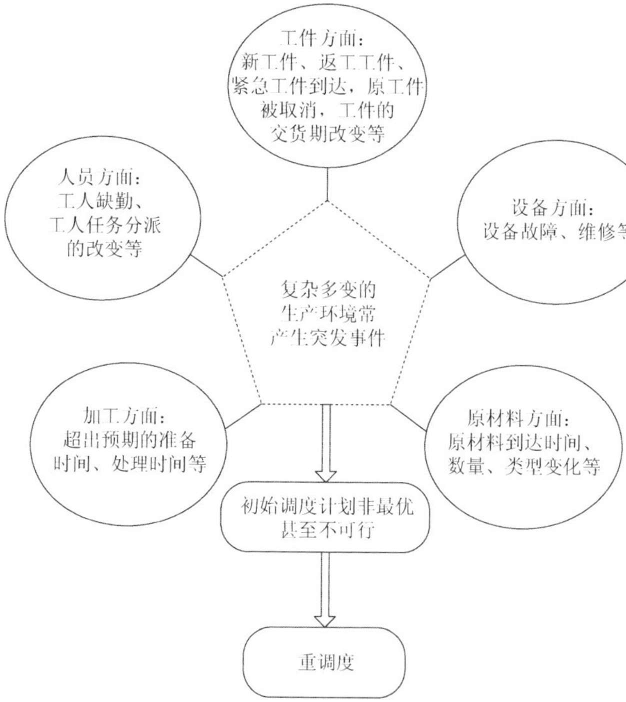

图 1.1 重调度问题

根据文献[1]的重调度研究框架，本书针对新到工件的事件驱动（event-driven）型重调度问题展开研究，具体包括新订单（或紧急订单）加工和不合格产品返修等突发任务。目前企业在制订最初生产计划时不考虑新到工件的情况：一是最初制订生产计划时，通常假设工件信息确定且无废品，针对不合格工件也仅从成品率方面或组批调度方面加以管理，并没考虑返工重调度，或者当有新到工件需要加工时，通常也只是简单的人工安排，并未上升到计划层面进行管理；二是在制订最初的生产计划时，新到工件的数量及处理时间未知，难以参与计划制订。因此，当有新到工件时，需要对不适合生产需要的初始调度进行调整，制订行之有效的重调度。

热处理工艺是工业企业中一项重要的基础工艺，如轴、轴承、齿轮、连杆等重要的机械零件和工业模具都要经过热处理。中国在热处理的基础理论研究和某些热处理新工艺、新技术研究方面，与工业发达国家的差距不大，但热处理生产过程经常伴随着大量的能量转移，这就决定了该生产工艺具有能耗大、成本高、污染严重的特点，而热处理又是工业企业生产过程中必不可少的常用工艺。在工业发达国家，热处理生产中，能源成本占总成本的 25%～40%，热处理行业的专业化水平为 70%～80%。截止到“十二五”时期末，虽然中国热处理行业已有很大发展，全行业共有热处理企业约 18 000 家，但中国能源利用率低，热处理设备比较落后，热处理能耗水平高达 500～1000kW·h/t，比工业发达国家多 2～3 倍；热处理行业的专业化水平却仅为 30%，远远低于工业发达国家水平，因此很多方面问题亟待解决，节能的潜力很大[3]。与其他制造工艺相比，热处理工艺的特点决定了在含有热处理工艺的制造企业中，生产调度计划与能源消耗的关系尤为紧密。

能源是人类生产和生活的基础，一直以来是世界普遍关注的热点话题，能源消耗在带来资源日渐枯竭的同时也造成了严重的环境污染。随着经济和社会的快速发展，中国作为能源消耗的第二大国，近 20 年来能源消耗已经翻了一番，日益凸显的能源危机和环境问题已经成为制约中国经济和社会可持续发展的关键问题。其中，节能是解决能源和环境问题的有效途径之一。

因此，本书考虑节约能源的重调度优化目标。但在实施重调度时，可能会对初始调度产生干扰，而企业在生产之前已经按照初始调度进行了相应的人员、设备以及原材料等各方面的配置，因此，在对初始调度进行调整时，势必受到一些客观条件和具体产品工艺等方面的约束，导致重调度问题比较复杂。但为了满足实际生产需要，必须实施重调度。因此，如何根据企业复杂的生产实际情况确定最终可行、近优或者最优的调度计划，同时实现能源消耗最优化，是当前企业亟待解决的问题。

退火焊是最常见的热处理工艺之一，本书以退火焊工位为背景，即初始调度，初始工件加工顺序已知，根据工艺的高温要求，在退火焊之前需将零件预热到一定温度，因此初始工件具有不同释放时间（需返工的工件不需要预热因此释放时间为 0）；由于热处理加工工艺要求工件必须在不低于一定温度下开始加工，或者由于交货期的限制，初始工件的等待加工时间（可延迟加工的时间）受限；也有一些产品需要将零部件按照一定的顺序进行焊接，因此工件之间的加工顺序不能改变；当有新到工件时，需要对初始调度做出调整；对初始调度的调整包括提前或者延后初始工件的开始加工时间，但提前开始加工时间要受到工件释放时间的约束，而延后开始加工时间要受到工件等待时间的约束；退火焊需要将焊接好的工件加热到更高的温度进行退火处理，除了最基本的能源消耗外，预热后的温度会随着工件等待加工时间的增加而逐渐降低，则升温到退火温度便需要更多的能源消耗，因此如何在满足各种约束条件的前提下进行重调度（即确定所有工件的加工顺序或开始加工时间），从而优化节能目标，是本书研究的主要内容。例如，石英玻璃产品的质量要求较高，而在焊接工位经常会出现焊接不密封、零件焊接尺寸不达标等质量问题，为了节约能源和成本，通常通过简单的返工处理来使该工位的质量达标。因此，该工位经常出现由于返工工件的到来而需要对初始调度进行重调度的问题。再如，半导体制造业的烧结工位、陶瓷制品加工、钢铁铸件等很多带有热处理工艺的离散制造系统均属此类问题。而大多数企业对于解决此类重调度问题都采用比较简单的人工调度或传统的生产调度方式，难以达到节能的最优或近优目标，甚至可能会造成能源的浪费，因此本书开展对重调度问题的研究是必要的，同时也是必须的。

众所周知,在生产调度领域,单机环境是现实生产系统中复杂机器调度问题最基本的组成单元与核心,是所有制造环境以及服务环境中的一个特例,很多复杂的生产问题也可以抽象为单机问题来解决,例如,一个机器、一个车间、一个工厂等都可以抽象为一个单机环境。因此,对单机重调度问题的深入研究,不仅可以为单机环境本身提供很好的解决方法,而且可以为复杂机器环境提供一些基本的性质和深刻的认识,同时也是开展其他复杂生产环境研究的基础和关键,并能够为解决很多现实问题提供依据。

在实际应用中,常常把复杂机器调度问题分解为若干个单机调度问题来进行分析与求解。所以本书拟研究重调度问题的一个重要分支,即在离散制造系统中,采用重调度中的修复调度（schedule repair）策略,解决单机确定环境下基于事件驱动的预测-反应（predictive-reactive）型重调度问题[1]。

1.2　研究目的及意义

本书针对带有热处理工艺的离散制造企业中,以节约能源为目标,基于新到工件的单机重调度问题展开研究。本书针对多种情况的问题建立数学模型,分析其复杂程度,通过对问题结构化性质和最优化性质的分析与证明,有针对性地开发求解各类问题的精确算法和近似算法,并根据问题的特点设计大量仿真试验算例,验证所提出算法的求解性能,最终获得问题的最优或者近优解,为解决该类单机重调度问题提供解决方法,从而建立基于新到工件的单机重调度理论研究框架。同时本书的研究成果还可推广到其他具有弹性等待时间特点的重调度问题。

本书针对中国工业企业急需提高热处理的专业化水平和精细化管理水平的现状,为企业在复杂生产实际环境下,实现生产过程的可实施性和节能优化目标提供切实可行的方法,为优化企业管理和实现节能环保的战略需求提供学术支撑。因此,本书的研究内容对缓解能源危机和环境问题、实现经济和社会可持续发展具有重要意义。

在经典调度研究领域，已有大量制订初始调度方法的相关研究[4, 5]，但有关重调度方面的研究相对还比较匮乏，相关的研究框架还不够成熟，尤其是本书提出的带有热处理工艺的离散制造系统中，单机环境下基于新到工件，以节能为目标的重调度优化问题，尚没有系统完整的研究。因此，本书通过对各类实际问题的复杂度分析、模型的建立、改进算法的设计等求解过程的理论研究和效果分析，为进一步研究新到工件重调度问题提供理论依据。

因此，本书的研究对提高现代企业管理理论化水平、丰富重调度理论起到积极的推动作用，具有十分重要的实际应用价值和较高的科学研究意义。

1.3 本书的研究路线

在充分查阅文献资料的基础上，通过对经典的调度问题进行分类，以及对复杂度、单机调度问题、单机重调度问题、精确算法及近似算法进行综述与分析，提出了如图 1.2 所示的本书研究路线，具体研究方案如下。

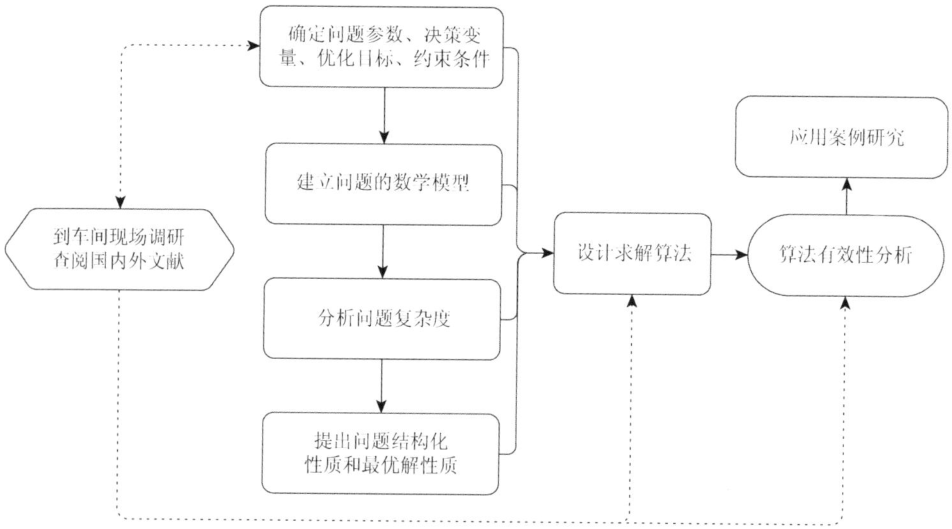

图 1.2 本书研究路线

1.3.1 建立数学模型

到带有热处理工艺离散企业（石英玻璃厂）的车间现场进行调研，针对企业经常突然发生各类新到工件需要进行重调度的需求，对热处理工艺进行机理分析，确定问题的参数、自变量、因变量及约束条件，并根据节约能源的指标确定问题的决策变量。查阅国内外相关文献，根据当前离散组合优化问题的研究进展和本书实际问题的特点，应用线性规划方法、约束规划方法、整数规划方法、动态规划方法等多种建模方法，建立各类问题的数学模型。

1.3.2 分析问题的复杂度

利用归约的方法针对本书研究内容中的问题进行复杂度分析，各类问题可归结如下。

（1）多项式时间可解的问题，计算其时间复杂度。

（2）弱多项式复杂程度的非确定性多项式（non-deterministic polynomial, NP）完全问题，可将问题归约为0～1背包问题或装箱问题等经典的弱NP完全问题，证明其复杂度。

（3）强 NP 完全问题，将问题归约为三划分算法或奇偶分割问题等经典的强NP完全问题，证明其复杂度。

1.3.3 提出并证明问题结构化性质和最优解性质

根据组合优化问题的特点和问题模型，从初始工件之间、新工件之间、初始工件与新工件、工件与机器空闲时间、工件与可延迟时间等其他已经确定的问题变量之间提出问题结构化性质和最优解性质。针对工件之间的结构化性质应用互换、假设等方法证明。针对工件与机器空闲时间等其他问题参数的最优化性质采用反证、分析、分类讨论、数学归纳等方法进行证明。性质分类及证明方案如图1.3所示。

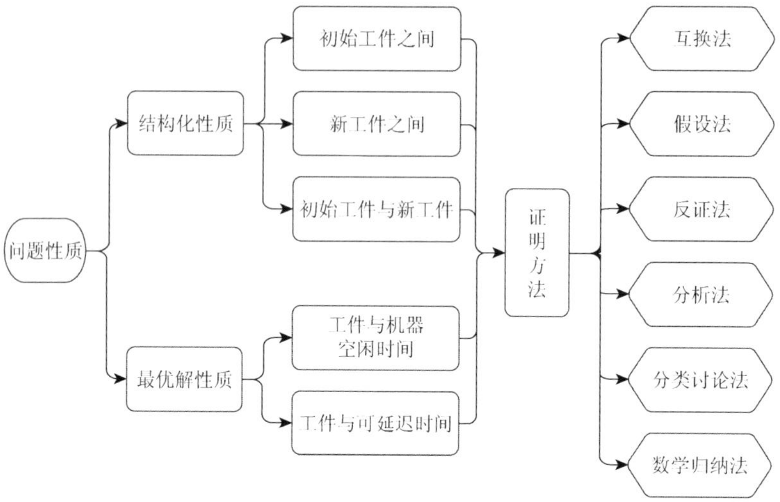

图 1.3　性质分类及证明方案

1.3.4　设计多种方法求解问题

基于问题的模型、复杂度和最优解的性质, 针对不同问题拟应用一般优化问题的求解方法或根据问题特点开发新的求解方法进行求解, 算法的设计方案如图 1.4 所示。本书应用的一般优化问题的求解算法如下。

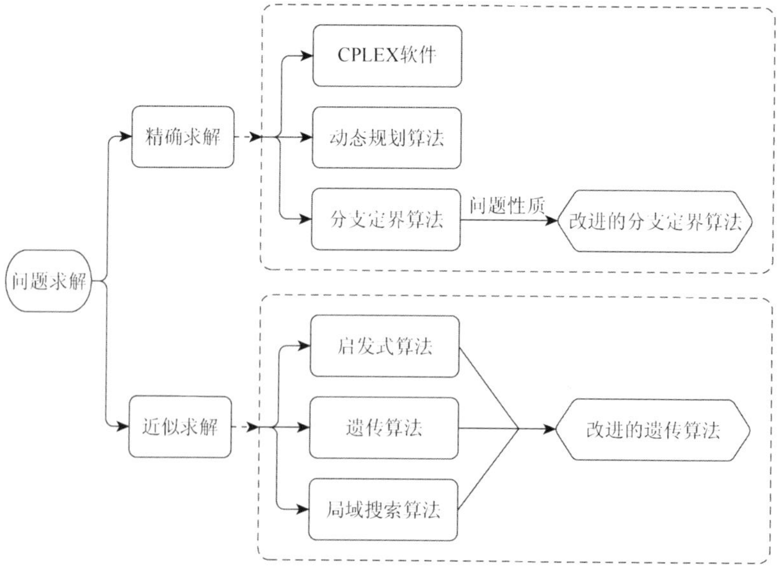

图 1.4　应用的算法及新算法设计路线

1.3.4.1 精确求解算法

（1）CPLEX 软件：用于求解问题的混合整数规划模型。对问题的混合整数规划模型进行求解，比较不同模型之间的求解性能，最终获得每一个问题的最佳混合整数规划模型。然后根据最佳混合整数规划模型求解问题的最优解。

（2）动态规划算法：用于求解特殊问题的最优解。针对弱 NP 难问题，在伪多项式时间内求解动态规划模型。

（3）分支定界（branch and bound, BB）算法：求解一般问题的最优解，分为深度优先和广度优先的分支定界算法。该算法的关键是节点处上下界的确定和剪支情况的好坏。

1.3.4.2 近似求解算法

（1）启发式算法：根据问题的最优解性质以及线性规划模型和约束规划模型中变量之间的关系、值域的大小等结构信息设计启发式算法，可以获得某些特殊问题的最优解，也可以快速获得大规模一般问题的近似解，或作为其他算法的求上界算法。

（2）遗传算法（genetic algorithm, GA）：是一种求解组合优化问题，拥有较好的普适性和全局搜索能力的近似求解算法，近年来被广泛推广和使用。但该算法的缺点是局部搜索能力较差，而且针对某些具体问题的求解效果欠佳。

（3）局域搜索算法：分为基于逆转的局域搜索算法、基于转移的局域搜索算法和基于换位的局域搜索算法。该算法具有很好的局部搜索能力，但全局搜索能力很差。

1.3.4.3 改进的算法

（1）改进的分支定界算法：为了提高求解规模和求解效率，利用问题的性质引导，改进经典的分支定界算法，应用启发式算法获得问题的初始解（问题的上界），每一个节点利用启发式算法和局域搜索算法计算最好上界，利用松弛部分释放时间或工件不可中断来计算最好下界，并根据最优解性质进行剪支，设计深度优先或广度优先的改进分支定界算法，求解一般问题的最优解。

（2）改进的遗传算法：遗传算法是一种成熟的具有高鲁棒性和广泛适用性的全局优化方法，对于解决大部分调度问题具有较好的效果。一种改进的遗传算法是利用问题的结构化性质和最优解性质引导的遗传算法，这样可以有针对性地求解问题，以期获得良好的求解效果。同时在实际应用中，遗传算法的局部搜索能力较差，很容易产生早熟收敛的问题。而局域搜索算法具有很好的局部搜索能力，将局域搜索算法嵌入进化算法中可以取长补短结合出高效的求解算法。但不同的局域搜索算法对应于不同的优化问题，或者算法运行到不同阶段对于解的改善程度会有所不同。因此，另一种改进的遗传算法是在算法中使用三种不同的局域搜索算子：基于逆转的局域搜索、基于转移的局域搜索和基于换位的局域搜索。并且利用了一种自适应性的学习机制，将这三种局域搜索算子结合在一起，给出了一种自适应的局域搜索算法。然后将这种自适应的局域搜索算法嵌入遗传算法中并应用问题的最优解性质进行引导，提出规则引导的自适应遗传算法，优质高效地求解大规模问题。

1.3.5 验证算法有效性与案例分析

（1）用数学方法证明算法能够获得某些问题的最优解或者最差解情况。

（2）设计大量的数值试验验证分析提出的算法性能。

（3）对国内某石英玻璃厂的热处理车间进行案例分析。

2　相关理论综述

调度问题起源于机器制造业，是运筹学的一个重要分支，是指利用某些资源或者设备，安排给定任务（或工件）的加工顺序或者加工时间，按照某一或某些目标，优化完成加工任务（或工件）的过程。但在执行任务（或工件）时通常需要满足一些约束条件，如释放时间、交货期、资源有限、加工顺序等。随着调度理论的不断发展和广泛应用，调度问题已经成为运筹学、控制科学、化学工程、管理科学等多领域的交叉学科，应用范围非常广泛，而且富有很强的实际背景和广阔的应用前景，因此一直是科学研究的热点之一。

2.1　调度问题的分类及复杂度分类

2.1.1　调度问题的分类

由于生产环境、工件加工类型、约束条件、优化目标等复杂多样，调度问题模型种类繁多，为了统一表达不同的调度类型，1979 年，Graham 等[6]提出了目前国际通用的三参数表示法。

三参数表示法由三个域$\alpha \mid \beta \mid \gamma$组成。

α 域表示机器的环境及种类，$\alpha \in \{1, P, Q, R, F, J, O\}$。

α=1：单机环境。

α=P：同速并行机环境，所有机器的处理速度相同且恒定。

α=Q：恒速并行机环境，每台机器的处理速度不同但恒定。

α=R：变速并行机环境，所有机器的处理速度是不定的。

α=F：流水作业环境，每个工件在所有机器上按照相同的加工顺序被加工。

α=J：车间作业环境，每个工件在所有机器上按照不同的加工顺序被加工。

$\alpha=O$：开放作业环境, 每个工件按照任意的加工顺序在每个机器上被加工。

β 域表示工件的性质、加工条件、资源约束以及其他对加工影响的约束条件等, 可以同时包含多项约束条件, 对于包含 n 个任务的调度问题, 一般涉及如下约束条件。

r_j：工件具有不同的释放时间, 如果 β 域中没有 r_j 出现, 则说明 $r_j=0$, 即所有工件的释放时间为 0, $j=1, 2, \cdots, n$。

d_j：工件具有不同的交货期, $j=1, 2, \cdots, n$。

w_j：工件具有等待加工时间限制, $j=1, 2, \cdots, n$。

prmp：工件加工过程允许中断, 如果 β 域中没有 prmp 出现, 则说明工件加工过程不允许中断。

prmu：流水作业环境中, 工件按照通过第一台机器的顺序保持不变地通过其他所有机器。

no-wait：流水作业环境中, 被加工的工件不允许在两台相邻的机器间等待。

prec：工件具有一般优先约束。

chains：工件具有平行链优先约束。

工件间的优先约束是工件集上的一个偏序关系, 意味着必须加工完工件 i 才能加工工件 j。如果工件集中至少有两个工件受到优先约束的限制, 则称工件是相关的。用一个优先约束的有向图来表示工件间的优先约束关系, 其中, 节点对应工件, 弧对应偏序关系, 始点为工件 i、终点为工件 j 的弧对应工件 $i\rightarrow$ 工件 j, 则称工件 i 为工件 j 的前驱, 工件 j 为工件 i 的后继。图 2.1 是优先约束图的一个特殊例子, 称为平行链（chains）, 即每个工件最多有一个前驱和一个后继。

图 2.1　优先约束图

tree：工件具有树形优先约束。

如果 β 域中没有 prec、chains、tree 出现, 则说明工件是无关的。

γ 域表示需要优化的目标函数。对于包含 n 个任务的环境, 一般涉及如下优化目标函数。

$C_{\max}$：所有工件中最大的完工时间，$C_{\max}=\max\{C_j\}$，j=1, 2, ⋯, n。

$\sum C_j$：所有工件总的完工时间之和，j=1, 2, ⋯, n。

$\sum \omega_j C_j$：所有工件总的加权完工时间之和，j=1, 2, ⋯, n。

$w_{\max}$：所有工件中最大的等待加工时间，$w_{\max}=\max\{w_j\}$，j=1, 2, ⋯, n。

$\sum w_j$：所有工件总的完工时间之和，j=1, 2, ⋯, n。

$L_{\max}$：所有工件中最大的延误，$L_{\max}=\max\{L_j\}$，j=1, 2, ⋯, n。

$T_{\max}$：所有工件中最大的拖期，$T_{\max}=\max\{T_j\}$，j=1, 2, ⋯, n。

$\sum T_j$：所有工件总的拖期，j=1, 2, ⋯, n。

$\sum \omega_j T_j$：所有工件总的拖期惩罚，j=1, 2, ⋯, n。

$\sum E_j$：所有工件总的提前时间，j=1, 2, ⋯, n。

$\sum \omega_j E_j$：所有工件总的提前惩罚，j=1, 2, ⋯, n。

$\sum U_j$：延迟的工件数，j=1, 2, ⋯, n。

另外，调度问题还可以分为如下几类。

正则调度：目标函数是工件完工时间的非减函数，该目标函数称为正则的目标函数，则带有该目标函数的调度称为正则调度，否则称为非正则调度。前面提到的 γ 域中的目标函数除了 $\sum E_j$ 和 $\sum \omega_j E_j$ 为非正则的目标函数外，其他目标函数均为正则的目标函数。

活跃调度[7]：如果不可能通过改变在机器上的加工顺序来建立另一个调度，使得至少有一个操作提前完成，而且没有一个操作推迟完成，那么，这个可行的调度称为活跃调度。

半活跃调度[7]：如果不改变任何一台机器上的加工顺序，就没有任何操作可以提前完成，那么，这个可行的调度称为半活跃调度。

2.1.2 调度问题的复杂度分类

根据调度问题的复杂程度，通常用到的复杂度类有多项式（polynomial, P）问题和 NP 难问题。

P 问题，就是可以由一个确定型图灵机在多项式时间内解决的问题，即在多项式复杂度的时间内解决的问题。

NP 难问题是计算复杂性理论中最重要的复杂性类之一。某个问题被称为 NP 难，当且仅当存在一个 NP 完全问题可以在多项式时间图灵归约到这个问题，可以在多项式复杂度的时间内验证解是否正确。所谓的非确定性是指，可用一定数量的运算去解决多项式时间内可解决的问题。下面具体描述一下本书用到的几个经典的 NP 难问题。

（1）划分问题。给定正整数 $a_1,a_2,\cdots,a_t$ 和 $b=\frac{1}{2}\sum_{j=1}^{t}a_j$，是否存在两个不相交的子集 S_1 和 S_2，对于 $i=1,2$ 满足 $\sum_{j\in S_i}a_j=b$？

（2）奇偶分割问题。给定一组正整数 $\{a_1,\cdots,a_{2t}\}$，其中 $a_i\geqslant a_{i+1}$，$1\leqslant i\leqslant 2t-1$ 并且 $\sum_{i=1}^{2t}a_i=2A$，是否存在一个划分将标号集合 $S=\{1,\cdots,2t\}$ 划分成两个子集 S_1 和 S_2，确保 $\sum_{i\in S_1}a_i=\sum_{i\in S_2}a_i=A$，而且每一个标号子集 S_1 和 S_2 分别为 $2i-1$ 和 $2i$，其中 $i=1,\cdots,t$？

（3）三划分问题。给定 $3t$ 个整数元素，其中 $\sum_{i=1}^{3t}a_i=ty$ 并且 $y/4<a_i<y/2$，$i=1,\cdots,3t$，是否存在一个对元素集 $\{1,\cdots,3t\}$ 的划分 $S_1,\cdots,S_t$ 使得 $|S_j|=3$ 并且 $\sum_{i\in S_j}a_i=y$，$j=1,\cdots,t$？

本书所研究的几类单机重调度问题，都是通过将问题归约为上面提到的某类经典的 NP 难问题证明其问题的复杂度。

2.2　单机调度问题

基本的单机调度问题可描述为：将一组相互独立的工件在满足一定调度环境和约束条件下，按照一定顺序安排到一个机器或资源上依次进行加工或处理，使得所考虑的目标最优[8]。单机调度问题应用三参数表示法可表示为 $1|\beta|\gamma$。

单机问题是调度问题机器环境的基本单元，是研究大规模复杂多机调度问题的基础，而且在现实生产和生活中也存在大量单机调度的实际问题需要解决。文献

[9]和文献[10]较早地对单机调度问题展开了研究, 自此之后便引起广大学者对单机调度问题的关注, 获得了很多有价值的成果[11-49]。从处理时间是否变化的角度, 可分为处理时间不变的单机调度问题和处理时间变化的单机调度问题, 而本书考虑的是处理时间不变的单机调度问题。

处理时间不变是指工件的处理时间不受等待时间、机器效率等环境的影响, 始终保持不变, 是一个常量。关于处理时间不变的单机调度问题是经典的调度问题, 许多学者对其进行了研究。优化目标主要集中于最小化最大完工时间、最小化总的完工时间、最小化总的提前和延迟惩罚以及最小化总的延迟工件数等方面。

（1）最小化最大完工时间。文献[50]提供了最小化最大完工时间的单机调度问题的一个下界。文献[51]针对工件带有释放时间、处理时间和交货期的最小化最大完工时间问题, 提出了一个启发式算法。文献[52]研究了具有动态到达时间的最小化最大完工时间的单机批处理调度问题, 提出了启发式算法, 针对几个特例给出了多项式和非多项式算法。文献[53]研究了带有机器无空闲约束的最小化最大完工时间的单机调度问题, 并给出了精确求解方法。

（2）最小化总的完工时间。文献[54]研究了带有释放时间的最小化总的完工时间的单机调度问题, 并提出了带有相应性质的分支定界算法对其进行求解。由于分支定界算法对于大规模问题的局限性, 文献[55]提出了一个启发式算法对其进行求解并得到了问题的近优解。文献[56]研究了带有释放时间的单机调度问题, 目标是最小化总的加权完工时间, 提出带有启发式和下界的分支定界算法对问题进行求解。文献[57]等研究了改进的近似算法求解带有可用约束的最小化总的完工时间的单机调度问题。

（3）最小化总的提前和延迟惩罚。文献[58]最早研究了最小化总的延迟的单机调度问题。文献[59]等研究了所有的工件都具有相同的交货期, 目标是决定最优交货期和最小化总的提前和延迟惩罚的单机调度问题。文献[60]进一步提出了一个启发式方法, 该方法对于求解大规模的最小化总的提前和延迟惩罚的单机调度问题具有很好的效果。文献[37]等提出了一个离散差分进化算法, 解决了带有序列依赖安装时间的最小化总的加权延迟单机调度问题。文献[61]针对机器有无空闲约束的总的提前和延迟惩罚的问题,提出了改进的启发式算法,并与已有的遗传算法进行了对比,结果显示所提启发式算法具有很好的效率。文献[62]针对最小化总的加权延迟的单机调度问题,提出了基于种群的变邻域搜索方法。文献[63]应用 CPLEX 软件求解最小化总的延迟的单机调度问题,试验表明,当问题规模小于 50 时, CPLEX 软件能够在合理的时间内对问题进行求解。

（4）最小化总的延迟工件数。文献[64]针对最小化总的加权延迟工件数的单机调度问题,提出了一个新的分支定界框架,能够在很短的时间内得到问题规模不小于 50 的最优解。文献[65]提出了一个启发式算法求解最小化总的延迟工件数的单机调度问题。文献[66]提出了遗传算法求解最小化加权延迟工件数的单机调度问题。文献[67]等针对带有释放时间约束的最小化总的延迟工件数的单机调度问题,提出了带有有效剪支的分支定界算法。文献[68]应用拉格朗日松弛方法对最小化总的加权延迟工件数的单机调度问题进行了求解。

目前单机调度问题的研究成果在解决了很多实际问题的同时,也为处理复杂的多机调度问题提供了近似算法。并对进一步理解多机调度问题性质、开发复杂问题的算法、最终解决复杂的调度问题,起到了指导性作用。解决好单机调度问题不仅可以解决很多实际生产问题,而且可以为全面探讨解决复杂调度问题提供理论支撑。因此,研究单机调度问题对调度理论研究和实际应用都具有重要意义。

2.3 单机重调度问题

尽管调度问题一直是理论界和应用界关注的热点话题,而且调度理论多年来发展也很迅速,但随着生产实际需求的不断提高,经典的调度问题和方法仍然不能满足当前企业复杂多变生产状况的需求。

重调度问题是在经典的调度问题基础上发展起来的,基于比较成熟的调度理论,重调度问题发展也很迅猛。为了方便表示重调度,本书将经典的三参数表示法 $\alpha|\beta|\gamma$ 扩展成五参数表示法 $\alpha|\beta_1:\beta_2|\gamma_1:\gamma_2$。其中, α 域仍为机器的环境及性质; β_1 域和 β_2 域分别表示初始调度和重调度中的约束条件; γ_1 域和 γ_2 域分别表示初

始调度和重调度的目标函数。

从早期文献[69]～文献[71]开始在重调度领域展开研究至今，重调度问题已经成为调度领域一个重要的分支，尤其是近年来，更是有大批研究人员对各类重调度问题展开研究，生产环境从单机到开放车间，重调度原因从工件、人员、设备、原材料到加工条件，问题复杂性从 P 问题到 NP 难问题，求解算法有多项式算法、精确算法、近似算法等，均取得了很多研究成果[72-102]。通过重调度问题的相关研究综述[97-102]可见，与经典的调度问题相比，重调度不仅问题的复杂性增加，而且相关的理论体系还不够健全，研究框架也不够完善。因此，在重调度领域仍存在很多亟待解决的科学问题。

与经典的单机调度问题一样，单机重调度问题是研究其他各类复杂重调度问题的基础，研究包括组批调度[103-111]和加工排序两方面。文献[112]研究了带有装设时间的不同类型工件动态到达的单机重调度问题，应用先进先出的组批规则将工件进行排序，并整合相似类型工件以节省装设时间，提出调度算法。将平均流水时间和机器利用率作为评价指标，建立了问题的分析模型，并应用该模型确定最优的重调度参数，模拟试验表明，问题的分析模型能够较准确预测所提出的调度算法的执行效果。而本书从加工排序角度研究基于工件方面的单机重调度问题，详细综述了排序方面和本书研究相关的文献。其中，文献[71]考虑了目标为最小化完工时间和单中断的加工车间重调度问题。进而文献[113]又开发了一种启发式算法用于解决单机环境下由于一个无法预料的干扰而进行重调度的问题，从调度效果即最小化最大完工时间和调度的稳定性，以及改变初始调度的影响两方面来衡量算法性能，其中，调度的稳定性是一个非正则函数，包括重调度与初始调度之间时间的偏差和顺序偏差，通过数值试验验证了提出的启发式算法的调度稳定性随着完工时间的减小而增大。

文献[114]也从调度效果和稳定性方面展开了研究，针对返工工件的到来需要进行重调度的统一并行机问题，从调度效果即最小化最大完工时间和调度的稳定性，以及改变初始调度的影响两方面来衡量算法性能，其中，调度的稳定性是用重调度后分配在不同机器上的工件数与初始调度之间的差值来衡量的。文献[115]通过对工件动态到达的单机重调度问题的研究显示，与连续的重调度策略相比，事件驱动的调度策略能够利用较少的重调度获得较高质量的解。因此，之后很多文献包括本书也都采用事件驱动的调度策略来解决重调度问题。

下面具体综述与本书研究内容相关的研究成果，为方便表述，如表 2.1 所示，提取参考文献中所研究问题的约束条件、优化目标及解决方法进行分类，根据不同内容分别作如下标号。

表 2.1　约束条件、优化目标及解决方法的标号及内容

约束条件		优化目标	
标号	内容	标号	内容
①	初始工件最大次序差异受限	①	最小化最大完工时间
②	初始工件次序差异和受限	②	最小化完工时间和
③	初始工件的最长延迟时间受限	③	最小化最大延误时间
④	初始工件的延迟时间和受限	④	最小化加权完工时间和
⑤	工件带有不同的释放时间	⑤	最小化加权流水时间
⑥	工件处理时间随开始加工时间恶化	⑥	多目标
⑦	不同族工件之间转换带有装设时间	⑦	其他目标
⑧	工件有交货期限制	解决方法	
⑨	工件处理时间有学习效果	标号	内容
⑩	部分初始工件不可用	①	精确算法
⑪	有一个不可用时间段	②	近似算法
⑫	有多个不可用时间段	③	证明为 NP 难问题

基于表 2.1 中的标号，从新工件到达的单机重调度问题和机器调度带有可利用约束（machine scheduling with availability constraints, MSAC）的单机调度问题两个角度，分别按照时间顺序，从约束条件、优化目标及解决效果三方面分类综述与本书研究内容相关的参考文献。

文献[74]研究了单机环境下顺序依赖族、考虑装设时间的重调度问题。文献[116]为本领域做了开创性的工作，研究了几种单机重调度问题，考虑的重调度约束包括初始工件的最大次序差异、次序差异和、最长延迟时间、延迟时间和小于某一定值，优化目标考虑了最小化完工时间和最小化最大完工时间，同时也考虑了这些目标和打断花费组合的情况，并给出了相应问题的多项式时间算法或者证明了其为 NP 难问题。值得一提的是，几乎所有的研究问题都假设初始调度是最优调度且不存在机器空闲。进而文献[117]又研究了单机环境下的多组新工件打断的重调度问题，提出了一个分支定界算法，解决了规模为 1000 个工件的重调度问题。

很多学者基于文献[116]的约束条件，针对由于新工件到达需要调度的单机问题展开了广泛的研究。文献[118]等研究了单机环境下假设初始调度是以最小化最大等待时间为目标的最优调度，并且初始工件带有就绪时间的重调度问题。说明了约束条件为初始工件最长延迟时间或延迟时间和小于某一定值，目标为最小化最大完工时间的重调度问题为 NP 难问题，并在多项式时间内解决了约束为初始工件最大延迟数小于某一定值，目标为最小化最大完工时间的重调度问题。紧接着文献[119]对带有释放时间的新工件到达需要进行重调度的单机问题展开研究，在多项式时间内求解了次序差异和与最大完工时间互为约束条件和优化目标的问题。文献[120]研究了单机环境下将新工件的处理时间视为额外花费并反映为价格的情况，该花费随着新工件处理时间的增加而增加。借鉴文献[116]提到的约束条件，优化目标是通过重调度确定新工件的处理时间，以最小化总压缩花费的凸组合。文献[120]在多项式时间内解决了最小化工件完工时间和的重调度问题，并说明了约束条件为延迟数或延迟时间和的重调度问题为 NP 难问题，提出了相应启发式算法。文献[121]研究了文献[118]问题的变形问题，针对初始工件和新工件都考虑工件恶化，即工件的处理时间依赖于它们的开始时间，越晚开始其处理时间越长。约束条件为最大位置或者延迟完工时间小于某一定值，目标为最小化所有工件的完工时间和，并提出了多项式时间算法。文献[122]研究了单机环境下新工件依赖族、不同族之间工件生产切换需要装设时间的五种情况，约束条件与文献[116]的约束条件相同，优化目标是找到最小化最大完工时间和最小化初始工件的最大延迟数的帕累托最优点。在多项式时间内解决了约束条件为最大延迟数、最长延迟时间小于某一定值，不同族装设时间相同的重调度问题，并证明了约束条件为最长延迟时间、延迟时间和小于某一定值，装设时间差异化的重调度问题为 NP 难问题。文献[123]将工件次序差异和的约束条件作为优化目标，在多项式时间内求解了单机环境下由于新工件到达需要进行重调度且工件带有释放时间，目标为最小化最大完工时间和工件总顺序干扰的帕累托最优问题。文献[124]研究了由于带有学习和恶化效果的新工件到来需要进行重调度，约束条件为初始工件的最大次序差异和最长延迟时间小于定值，目标为最小化完工时间和的单机问题。给出了这两类问题的多项式算法。

文献[125]又研究了由于一组工件不可用需要进行重调度，约束条件为所有工件的最长延迟时间的单机问题。针对优化目标为加权完工时间和的问题提出了一个最优算法、一个有较好最差解的线性时间算法和一个多项式时间算法。针对其他三类经典调度目标也获得了类似的结果。针对 MSAC 的调度问题，文献[126]和文献[127]进行了综述，而本书仅介绍与本书研究内容相关的 MSAC 单机调度的研究成果。文献[128]研究了机器具有多个可移动定期维护时间段，目标为最小化最大完工时间的单机调度问题。证明了最长处理时间（longest processing time, LPT）规则为 2 倍近似算法，同时也证明了针对所研究的问题不存在最差解程度可以小于 2 倍多项式时间的算法。文献[129]研究了机器存在一个不可用时间段，目标为总加权完工时间和的单机调度问题，提出了一个非多项式时间的 2 倍近似算法。文献[130]研究了与文献[129]相同的问题，提出了两种方法，设计了一个可以达到 $2+\varepsilon$ 倍近似的算法。紧接着文献[131]又研究了机器存在一个不可用时间段且工件带有释放时间，目标为最小化加权流水时间的单机问题，设计了一个 2 倍近似解的算法和一个多项式时间的近似算法。文献[132]研究了一组时间段不允许工件在此段的任意时间内开始加工，目标为最小化最大完工时间的单机调度问题。证明了该问题为强 NP 完全问题，设计了一个多项式时间算法可以求解含有少数不可开始时间段的问题。文献[133]研究了机器带有一个不可用时间段的部分可续型单机最大完工时间调度问题，提出了一种有效的启发式算法。文献[134]研究了机器不可用约束，加工不同种类的工件需要装设花费，目标为最小化最大完工时间的单机调度问题，建立了该问题的混合整数规划模型，进而又提出了一个启发式算法求解该问题。文献[135]将一个化工厂实际问题抽象为机器不可用时间段，优化目标为最小化完工时间的单机调度问题，针对只有一个不可用时间段的问题提出了多项式时间算法，证明了两个以上不可用时间段的问题为 NP 难问题，三个以上不可用时间段的问题没有多项式近似算法。文献[136]研究了机器带有不可用时间段的单机重调度问题，目标为折扣加权完成时间与差异花费，其中差异花费是由工件在重调度与初始调度中的完工时间差异所产生的。文献[137]研究了机器具有学习能力和多个不可用时间段，目标为最小化完工时间和的单机调度问题。建立了问题的整数规划模型，设计了一个分支定界算法求解小规模问题的最优解。应用遗传算法和模拟退火算法求解大规模问题，并进行试验，验证了各种算法的性能。文献[138]又研究了机器带有一个不可用时间段，目标为最小化加权完工和的单机调度问题，提出一个改进的加权最短加工时间优先规则，并证明了该算法约为近似算法的 8/25。进而，文献[139]研究了两类机器带有一个不可用时间段，目标为最小化最大延迟惩罚的单机调度问题，并分别提供了多项式时间的近似算法。文献[140]又研究了机器带有多个不可用时间段，工件加工过程被打断后可恢复或需重新开始加工，目标为最小化加权提前完工工件数的单机问题。针对工件加工过程被打断后可恢复，且带有多个机器不可用时间段的问题，提出了一个多项式时间近似算法。针对工件加工过程被打断后需重新开始加工的问题，证明其不存在多项式时间的近似算法。文献[141]也研究了机器有多个不可用时间段的单机调度问题，其中工件可拒绝接受或者外包，但需要产生惩罚花费，目标为最小化接受生产工件的最大完工时间与惩罚花费和。文献[142]研究了机器不可用时间段的单机重调度问题。干扰是工件在重调度和初始调度中开始加工时间的偏差，并将这个干扰作为约束和一部分目标花费建立了一般问题模型。针对目标为最小化最大完工时间和最小化最大拖期时间的问题提出了一个伪多项式最优算法、一个最差解为 2 倍近似最优解的算法和一个多项式近似算法。文献[143]研究了机器带有不可用时间段，工件加工过程被打断后可恢复或需重新开始加工, 目标为最小化总投递时间与总投递花费之和的单机调度问题。针对工件加工过程被打断后可恢复的问题, 提出了一个最优的多项式时间算法。针对工件加工过程被打断后需重新开始加工的问题设计一个 3/2 近似算法。与本书研究内容相关的文献综述见表 2.2。

表 2.2 与本书研究内容相关的文献综述

问题	文献号	约束条件	优化目标	解决效果	年份
新工件到达的单机重调度问题	[74]	⑦⑧	①④	①②③	1997
	[116]	①②③④	①②	①③	2004
	[117]	③	③	①③	2007
	[118]	①③④⑤	①	①③	2007
	[119]	②⑤	①	①	2007
	[120]	①②③④⑥	②④	①	2007
	[121]	①③⑥	②	①	2010
	[122]	①②③④⑦	④	①③	2012
	[123]	⑤	②+约束条件②	①	2013
	[124]	①③⑥⑨	②	①	2014
	[125]	③⑩	④	①	2010
MSAC 的单机调度问题	[128]	⑫	①	②	2007
	[129]	⑪	④	②	2008
	[130]	⑪	④	②	2009
	[131]	⑤⑪	⑤	②	2011
	[132]	⑫	①	①③	2009
	[133]	⑪	①	①	2011
	[134]	⑦⑫	①	①②	2011
	[135]	⑪⑫	①	①③	2012
	[136]	⑪	⑥	②	2012
	[137]	⑫	②	①②	2013
	[138]	⑪	④	②	2013
	[139]	⑪	③	②	2016
	[140]	⑫	⑦	②	2015
	[141]	⑫	⑥	①②	2014
	[142]	③⑪	①③	①②	2014
	[143]	⑪	⑥	①②	2015

然而,以上文献没有针对在满足初始调度调整受限的约束下,基于新到工件需要进行重调度,以优化等待时间为目标的一类离散制造企业热处理车间生产中比较常见且重要的问题进行研究。而且现有文献的方法对解决本书问题也不适用。因此,本书研究了初始工件带有释放时间,在满足初始调度完全锁定、初始调度顺序锁定或初始调度完全调整(即初始调度调整受限)的约束条件下,以最小化工件等待时间为目标函数,基于新到工件重调度的优化方法。

2.4 相关算法综述

一般地,优化问题可以定义如下[144]:

$$\min/\max f(s), \quad s \in S \tag{2.1}$$

式中, f 为目标函数; $S \mapsto \mathbf{R}^n$ 为解空间;满足所有给定约束条件的解 s, $s \in S$ 是一个候选解。s_i, $i=1,2,\cdots,n$ 为决策变量,可以是离散、连续或混合变量, n 为决策变量个数,每个决策变量对应的邻域为 $D_1, D_2,\cdots,D_n$。

一般的优化问题,根据目标函数的特点,可以将其分为线性和非线性问题,其中非线性问题包括二次的、凸(凹)的等优化问题;根据问题是否存在约束条件,可将其分为约束优化问题和无约束优化问题;根据解空间的特点,可以将其分为离散的、连续的和组合优化问题。

为了求解各类优化问题,研究人员针对不同类型的问题设计开发了很多有效的算法[145]。通常将算法分为精确算法和近似算法两类。精确算法是指可以获得优化问题最优解的计算方法。P 问题可以在多项式时间内获得优化问题的最优解,但对于 NP 难问题,精确算法的求解时间是随着问题规模的增大呈指数级增长的,所以对于较大规模的优化问题不能在可容忍的时间内获得优化问题的最优解,因此,一些学者开发了各种近似的计算方法,以期望在较快时间内获得优化问题的近似解,即近似算法。

2.4.1 精确算法

根据优化问题的不同，可以设计多种精确算法求得问题的最优解，这里仅介绍本书涉及的精确算法。

2.4.1.1 动态规划算法

动态规划是运筹学的一个分支，是求解决策过程最优化的数学方法。20 世纪 50年代初，美国数学家Bellman[146]在研究多阶段决策过程的优化问题时，提出了解决这类问题的最优化原理，把多阶段过程转化为一系列单阶段问题，利用各阶段之间的关系，逐个求解，创立了动态规划。

使用动态规划算法解决多阶段决策问题时，首先要将实际问题写成动态规划模型，此时涉及以下概念。

（1）阶段。将所给的优化问题，按照时间或者空间特征分解成若干互相联系的阶段，以便按次序去求解每阶段的解，常用字母 k 表示阶段变量。

（2）状态。各阶段开始时的客观条件称为状态。描述各阶段状态的变量称为状态变量，常用 s_k 表示第 k 阶段的状态变量，状态变量 s_k 的取值集合称为状态集合，用 S_k 表示。动态规划中的状态应具有如下性质：当某阶段状态给定以后，在这个阶段以后过程发展不受这段以前各段状态的影响。也就是说，当前的状态是历史的一个完整总结，过程的历史只能通过当前状态去影响它的未来发展，称为无后效性。如果所选定的变量不具备无后效性，就不能作为状态变量来构造动态规划模型。

（3）决策和策略。当各段的状态取定以后，就可以据此做出不同的决定，从而确定下一阶段的状态，这种决定称为决策。表示决策的变量，称为决策变量，常用 $u_k(s_k)$ 表示第 k 阶段当状态为 s_k 时的决策变量。在实际问题中，决策变量的取值往往限制在一定范围内，则称此范围为允许决策集合，常用 $D_k(s_k)$ 表示第 k 阶段从状态 s_k 出发的允许决策集合，显然有 $u_k(s_k) \in D_k(s_k)$ 。

（4）状态转移。动态规划中当前阶段的状态往往是上一阶段状态和上一阶段决策的结果。如果给定了第k阶段的状态s_k，本阶段决策为$u_k(s_k)$，则第$k+1$阶段的状态s_{k+1}也就完全确定，它们的关系可表示为

$$s_{k+1}=T_k(s_k,\ u_k) \tag{2.2}$$

由于式（2.2）表示了由第k阶段到第$k+1$阶段的状态转移规律，所以称为状态转移方程。

（5）指标函数。用于衡量所选定策略优劣的数量指标称为指标函数，它分为阶段指标函数和过程指标函数两种。阶段指标函数是指第k阶段，从状态s_k出发；采取策略u_k的效益，用$d(s_k,\ u_k)$表示。而一个n阶段决策过程，从 1 到n称为问题的原过程，对于任意一个给定的$k(1\leqslant k\leqslant n)$，从第$k$阶段到第$n$阶段的过程称为原过程的一个后部子过程。$V_{1,n}(s_k,\ p_{1,n})$表示初始状态为$s_1$采用策略$p_{1,n}$时原过程的指标函数值，而$V_{k,n}(s_k,\ p_{k,n})$表示在第$k$阶段、状态为$s_k$采用策略$p_{k,n}$时，后部子过程的指标函数值。最优指标函数记为$f_k(s_k)$，它表示从第$k$阶段状态$s_k$采用最优策略$p^*_{k,n}$到过程终止时的最佳效益值。$f_k(s_k)$与$V_{k,n}(s_k,\ p_{k,n})$之间的关系为

$$f_k(s_k)=V_{k,n}(s_k,\ p^*_{k,n})=\mathop{\mathrm{opt}}_{p^*_{k,n}\in p_{k,n}} V_{k,n}(s_k,\ p_{k,n}) \tag{2.3}$$

式中，opt 为最优化（optimization）的缩写，根据具体问题可分别表示为 max 或者 min。

2.4.1.2 分支定界算法

分支定界算法是由文献[147]于 1960 年提出的。它是求解整数规划或混合整数规划问题常用的方法之一，是一种系统地搜索解空间的方法，属隐枚举或部分枚举算法。该算法通过不断改进，在综合评价、数据相关的多维安排问题描述、最大化多样性问题、最大团问题、流水线制造单元调度问题、控制系统等很多领域均得到了广泛的应用[148-155]。其基本思想：在搜索解空间的过程中，每个候选节点有且仅有一次机会变成当前活节点。当一个节点变为当前活节点时，生成从该节点移动一步即可到达的所有新的候选节点，即分支。在生成的候选节点中，抛弃不可能进一步求出最优解的节点，即剪支。其余节点加入活节点表，然后从表中选择一个节点作为当前活节点。依次从活节点表中取出所选择的节点进行分支，直到找到解或活节点表

为空, 即算法结束。

1）选择当前活节点的常用方法

（1）广度优先搜索：先进先出法, 即从活节点表中取出节点的顺序与进入活节点表的顺序相同, 因此, 活节点表的性质与队列相同。

（2）最小耗费或最大收益法：在这种情况下, 每个节点都有一个对应的耗费或收益。如果查找一个具有最小耗费的解, 则活节点表可用最小堆来建立, 下一个当前活节点是具有最小耗费的活节点；反之, 如果希望搜索一个具有最大收益的解, 则可用最大堆来构造活节点表, 下一个当前活节点是具有最大收益的节点。

2）分支定界法步骤[31]

步骤 1：放宽或取消原问题的一些约束条件。令活节点表为 $\{O\}$ （O 代表原问题）, 上界 $U:=+\infty$, 当前最好解为 $\varnothing$ 。

步骤 2：若活节点表为 $\varnothing$, 则转步骤 7；否则, 从活节点表中选择一个节点 k 进行分支, 并从活节点表中删除该节点 k 。

步骤 3：考察节点 k 对应的松弛问题, 若此问题无解, 则转步骤 2。

步骤 4：若节点 k 对应的松弛问题最优值 $z_k \geqslant U$, 则节点 k 被剪支, 转步骤 2。

步骤 5：若节点 k 对应的松弛问题的最优解 x_k 满足要求, 即存在 $z_k < U$, 则上界 $U:=z_k$, 当前最好的解为 x_k , 转步骤 2。

步骤 6：若节点 k 对应的松弛问题的最优解 x_k 不满足要求, 则对其剪支, 转步骤 2。

步骤 7: 若当前最好的解为 $\varnothing$, $U:=+\infty$, 则说明原问题无解, 否则, 当前最好解 U 即原问题的最优解, 算法结束。

分支定界算法中, 分支为最优解的出现创造了条件, 而定界是搜索效率高低的关键, 选择合理有效的界限, 可以大大提高分支定界算法的性能。

2.4.2 近似算法

随着问题维数的不断增大, 利用精确算法求解会耗费大量的时间, 甚至难以接受。因此,近似算法应运而生,虽然近似算法不能保证求到各类优化问题的最优解,但至少会在较短或可容忍的时间内给出问题的可行解,而且随着近似算法的深入研究,很多有效的近似算法能够在可容忍的时间内求出问题的近优解甚至最优解。

根据问题的不同,研究人员开发了很多种近似算法,分为启发式算法和亚启发式算法。启发式算法是一个基于直观或经验构造的算法,在可接受的花费(指计算时间和空间)下给出待解决组合优化问题每一个实例的一个可行解。亚启发式算法易于实现,有较强的鲁棒性,如 Holland[156]提出的遗传算法、Metropolis 等[157]提出的模拟退火(simulated annealing, SA)算法、Glover[158]提出的禁忌搜索(tabu search, TS)算法、Colorni 等[159]提出的蚁群优化(ant colony optimization, ACO)算法、Kennedy 和 Eberhart[160]提出的粒子群优化(particle swarm optimization, PSO)算法。这些近似算法成功地应用于求解很多领域的优化问题。下面仅介绍本书应用到的近似算法。

2.4.2.1 启发式算法

启发式规则,又称分派规则或优先级规则。基本思想是根据工件或机器的属性按优先级来分配工件被加工的先后顺序。启发式规则可分为静态规则和动态规则。静态规则与时间无关,只是工件和(或)机器数据的函数;动态规则与时间相关[3]。在启发式规则中,基本规则是工件和(或)机器属性的函数。属性可能是和工件相关或和机器相关的性质,既可能是不变的,又可能是和时间相关的。工件的属性通常包括加工时间、释放时间、工期等;机器的属性常包括加工速度、等待加工的工件数量以及在等待队列中的加工量总和等。既定的属性影响工件总体优先级的程度由所使用的基本规则和它的比例参数所决定。

在单机调度求解问题中,常用调度问题的启发式规则如下[7, 8]。

(1)最短加工时间(shortest processing time, SPT)优先规则:工件在机器上被加工的顺序按照工件的处理时间非递减排列。

(2)最短交货期(earliest due date, EDD)优先规则:工件在机器上被加工的顺序按照工件的交货期非递减排列。

（3）最长处理时间规则：工件在机器上被加工的顺序按照工件的处理时间非递增排列。

（4）最早释放时间（earlist release date, ERD）规则：工件在机器上被加工的顺序按照工件的释放时间非递减排列。

（5）最早完工时间（earliest completion time, ECT）规则：在未调度的新工件集合中选择带有最早完工时间的工件进行调度，则将当前机器可利用时间更新为该工件的完工时间，再更新未调度的工件集合。

利用启发式算法求解问题获得的可行解的好坏很难预测，只有有限的启发式算法可以通过数学证明，说明获得的可行解与最优解的偏离程度，但有的启发式算法可以快速求得很多特殊问题的最优解。

本书根据各类单机重调度问题的最优解性质以及线性规划模型和约束规划模型中变量之间的关系、值域的大小等结构信息，利用启发式规则，设计不同的启发式算法。这些启发式算法针对不同问题可以获得某些特殊问题最优解，也可以快速获得大规模一般问题的近似解，或作为其他算法的求上界算法。

2.4.2.2　遗传算法

遗传算法是模拟生物在自然环境中遗传和进化过程而形成的一种自适应概率搜索算法，属进化算法中的一种，是一种成熟的具有高鲁棒性和广泛适用性的全局优化方法。遗传算法具有以下特点[161-163]。

（1）遗传算法具有良好的可操作性和简易性。由于可行解集是通过编码获得的，目标函数可以作为编码个体的适应值。

（2）遗传算法具有很强的通用性。算法只利用目标函数的取值信息，不需要其他高价信息，因此，适用于求解大规模、高度非线性的不连续多峰函数的优化以及目标函数无解析表达式的优化问题。

（3）遗传算法具有良好的并行性。由于算法的运算对象是可行解集，而非单一可行解，通过对种群的选择、交叉和变异等运算，产生新的种群，可以有多种搜索轨道。

（4）遗传算法具有良好的全局优化性和鲁棒性。由于算法中的各种运算都是以概率的方式进行的，搜索过程非常灵活，而且与其他对参数依赖性较强的算法相比，遗传算法的参数对其搜索效果的影响相对较小。

（5）遗传算法局部搜索能力较弱。遗传算法有较好的全局优化能力，会产生顾此失彼的情况，导致局部搜索能力不强，而最终影响最终解的求解效果。

Goldberg[161]将基本遗传算法定义为 8 元组：$(C,E,P_0,M,\phi,\rho,\psi,T)$。其中，$C$ 为个体的编码方法，E 为个体适应值评价函数，P_0 为初始种群，M 为种群规模大小，ϕ为选择算子，ρ 为交叉算子，ψ 为变异算子，T 为遗传算法终止条件。

图 2.2 所示为基本遗传算法的流程图，具体步骤如下。

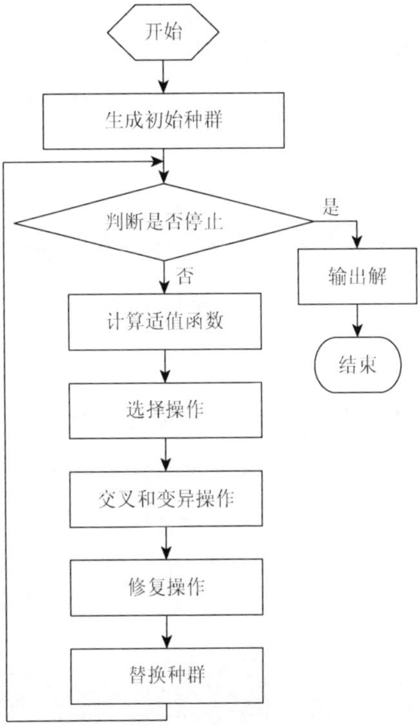

图 2.2　基本遗传算法的流程图

步骤 1：初始化设置，确定种群规模、交叉率和变异率，设遗传迭代次数 $t=0$。

步骤 2：初始种群的产生，选择编码方式，根据种群规模产生可行解集，形成初始种群。

步骤 3：判定算法停止条件，如果满足，则输出当前最大适应度的个体作为最终解，运算结束，否则 $t=t+1$，转步骤 4。

步骤 4：种群进化。

（1）选择操作，计算每个个体适应值，根据某种方法选择参加进化的个体。

（2）交叉和变异操作，按照之前设定的参数值，对选出的个体利用某种方法进行交叉和变异的操作。

（3）修复子代，修复进化后的非法个体，使其合法化。

步骤 5：替换种群，根据之前设定的参数，替换当前种群中的个体，生成下一代种群，转步骤 3。

遗传算法自提出以来，在很多领域得到了广泛的应用[164-167]。而且随着调度问题的不断深入研究，遗传算法已成功地求解了很多调度领域的优化问题[168-173]。

2.4.2.3　局域搜索算法

局域搜索算法是基于贪婪思想利用邻域函数进行搜索，通常可描述为：从一个初始解出发，利用邻域函数持续地在当前解的邻域中搜索比它好的解。若找到这样的解，用其替代当前解，继续同样的搜索行为[174]。虽然局域搜索算法具有很强的局部搜索能力，但全局搜索能力很差。因此，本书将局域搜索算法与有较好全局搜索能力的近似算法结合使用，其中，本书用到的局域搜索算法包括基于逆转的局域搜索、基于转移的局域搜索和基于换位的局域搜索。

3　初始调度完全锁定的新到工件单机重调度问题

本章对单机环境下，优化目标分别为最小化新到工件的最大等待时间与等待时间和，初始调度完全锁定情况下的新到工件重调度问题进行研究。

首先，研究了优化目标为最小化新到工件的最大等待时间的单机环境下锁定初始调度的新到工件重调度（rescheduling new jobs with original schedule locked on single machine to minimize the maximum waiting time, RLSM）问题。针对该问题建立了问题模型，证明了 RLSM 问题是 NP 难问题。根据问题性质和特点提出了有效的启发式算法，给出了算法的时间复杂度，并证明了算法的最优性条件。

然后，针对优化目标为最小化新到工件的等待时间和的单机环境下锁定初始调度的新到工件重调度（rescheduling new jobs with original schedule locked on single machine to minimize the total waiting time, RLST）问题展开研究。对新到工件加工可中断（P-RLST）与不可中断（N-RLST）两种类型的问题分别进行了探讨，分析了两类问题的复杂度。针对 P-RLST 问题提出了多项式时间的最优算法，针对 N-RLST 问题设计了一个启发式近似算法，并证明了最优解条件。

3.1　本章符号及释义

本章研究的 RLSM 与 RLST 问题均满足下列假设条件。

（1）新到工件与初始工件属工艺同族，装设时间均为 0，新到工件的释放时间为 0。

（2）新到工件等待处理的时间无限制。

（3）所有工件的加工时间、释放时间均为已知的正整数。

本章中用到的符号及其释义见表 3.1。

RLSM 问题可以用五参数表示法描述为$1 | r_i : s_i(\sigma) = s_i(\upsilon),\ i \in J_{\rm O} | \sum w_i(\upsilon),\ i \in J_{\rm O} : w_{\max}^{\rm N}(\sigma)$。

P-RLST 与 N-RLST 问题可用五参数表示法描述如下。

P-RLST：

$$1 | r_i : \text{pre}, s_i(\sigma) = s_i(\pi),\ i \in J_{\rm O} | f(\pi) : \sum w_j(\sigma),\ j \in J_{\rm N}$$

N-RLST：

$$1 | r_i : \text{non-pre}, s_i(\sigma) = s_i(\pi),\ i \in J_{\rm O} | f(\pi) : \sum w_j(\sigma),\ j \in J_{\rm N}$$

式中,$f(\pi)$为初始调度的目标函数。

表 3.1　本章中用到的符号及其释义

符号	释义	符号	释义
$J_{\rm O}=\{1,\cdots,n_{\rm O}\}$	一组初始工件	$[j]$	第 j 个位置上被调度的工件
$J_{\rm N}=\{n_{\rm O}+1,\cdots,n_{\rm O}+n_{\rm N}\}$	一组新到的工件	s_i	工件 i 的开始加工时间
$J=J_{\rm N}\cup J_{\rm O}$	所有工件的集合	r_i	工件 i 的释放时间
$\upsilon\in(\pi^*,\pi)$	初始调度	$C_{\max}^{\rm N}$	新到工件中的最大完工时间
σ	一个重调度	$w_{\max}^{\rm N}(\sigma)$	重调度中新到工件的最大等待时间
σ^*	最优重调度	$\sum w_i(\upsilon)$	初始工件的等待时间和
p_i	工件 i 的处理时间	I_j	第 j 个机器空闲时间
C_i	工件 i 的完工时间	$\sum_{i\in J_{\rm N}} w_i$	所有新到工件的等待时间和

3.2　RLSM 问题

考虑一个周期性的调度问题, 有一组具有不同释放时间、数量为 $n_{\rm O}$ 的初始工件集合, 已经按照最小化等待时间和为优化目标制订了初始调度方案, 并锁定该初始调度; 这时有一组数量为 $n_{\rm N}$ 新到的工件集合, 需要在本周期进行调度生产, 优化目标为最小化新到工件的最大等待时间, 其中 $n = n_{\rm O} + n_{\rm N}$ 。

3.2.1　RLSM 问题描述

RLSM 问题的数学模型:

$$\min w_{\max}^{\mathrm{N}}(\sigma) \tag{3.1}$$

s.t.

$$s_i(\sigma)=s_i(\upsilon),\quad i=1,\cdots,n_{\mathrm{O}} \tag{3.2}$$

$$s_i \geqslant r_i,\quad i=1,\cdots,n \tag{3.3}$$

$$s_{[i]}+p_i \leqslant s_{[i+1]},\quad i=1,\cdots,n-1 \tag{3.4}$$

其中, 式（3.1）为目标函数, 最小化新到工件的最大等待时间；式（3.2）保证锁定初始调度；式（3.3）说明所有工件开始处理的时间不小于就绪时间；式（3.4）说明一个工件一旦开始处理就必须完工后才能开始加工下一个工件。

3.2.2 RLSM 问题复杂度分析

RLSM 问题的优化目标为 $w_{\max}^{\mathrm{N}}(\sigma)$, 约束条件为 $s_i(\sigma)=s_i(\upsilon),\ i\in J_{\mathrm{O}}$, 属于典型的组合优化问题。本节证明 RLSM 问题为 NP 难问题。

引理 3.1 $1|r_i:s_i(\sigma)=s_i(\upsilon),\ i\in J_{\mathrm{O}}|\sum w_i(\pi^*),\ i\in J_{\mathrm{O}}:C_{\max}^{\mathrm{N}}(\sigma)$ 为 NP 难问题。

证明 问题的证明可由 2.1.2 小节中的 NP 难问题——划分问题归约得到。下面构造一个 RLSM 问题实例, 如图 3.1 所示, $n=7t,\ n_{\mathrm{O}}=6t,\ n_{\mathrm{N}}=t$。对于 J_{O}, $p_i=1$, $r_i=i-1$, $i=1,\cdots,3t$； $p_i=1$, $r_i=3t+b+i-1$, $i=3t+1,\cdots,6t$。对于 J_{N}, $p_j=a_j$, $j=6t+1,\cdots,7t$, $\sum_{j=6t+1}^{7t} j=2b$, $C=6t+2b$, $C_{\max}^{\mathrm{N}}(\sigma)\leqslant C$, a_j 为 2.1.2 小节划分问题中的正整数。

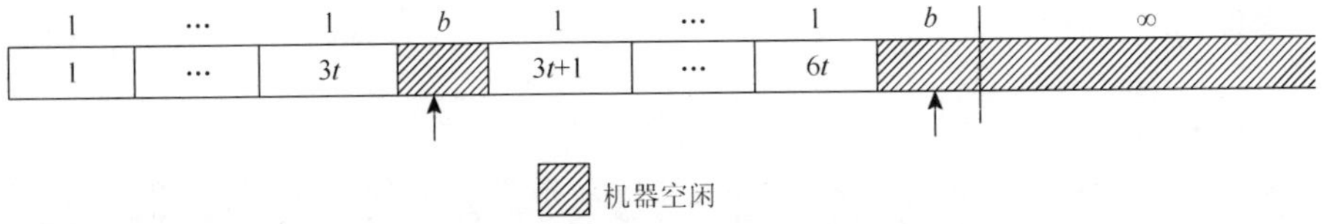

图 3.1 RLSM 归约为划分问题例证

充分性：通过实例得到初始最优调度 π^*, 即所有的初始工件都在到达时间就开始加工, 而且在初始工件完工前出现两个机器空闲时间, 即 $[3t,3t+b]$ 和

$[6t+b,\infty)$。重调度约束条件为 $s_i(\sigma)=s_i(\upsilon),\ i\in J_{\mathrm{O}}$，所以所有初始工件顺序和开始时间不变。$\sum p_j=2b,\ j\in J_{\mathrm{N}}$，$\sum I_i=\infty,\ i\in J_{\mathrm{O}}$ 满足 $\sum p_j\leqslant\sum I_i,\ j\in J_{\mathrm{N}},\ i\in J_{\mathrm{O}}$。如果划分问题有解，则紧急工件可以划分成两个不相交的子集 S_1 和 S_2，对于 $i=1,2$ 满足 $\sum_{j=S_i}a_j=b$，也就是说，新到工件的子集 S_1 在机器空闲时间 $[3t,3t+b]$ 处理，子集 S_2 在机器空闲时间 $[6t+b,6t+2b]$ 处理，或者 S_1 在机器空闲时间 $[6t+b,6t+2b]$ 处理，S_2 在机器空闲时间 $[3t,3t+b]$ 处理，均满足 $C_{\max}^{\mathrm{N}}=6t+2b$ 的条件要求，于是获得问题 $1|r_i:s_i(\sigma)=s_i(\upsilon),\ i\in J_{\mathrm{O}}|\sum w_i(\pi^*),\ i\in J_{\mathrm{O}}:C_{\max}^{\mathrm{N}}(\sigma)$ 的最优解。

必要性：如果重调度问题有解，初始工件都在到达时间即开始加工，得到初始最优调度 π^*，并满足约束条件 $s_i(\sigma)=s_i(\upsilon),\ i\in J_{\mathrm{O}}$，$\sum p_j\leqslant\sum I_i,\ j\in J_{\mathrm{N}},\ i\in J_{\mathrm{O}}$，在初始工件完工前出现两个机器空闲时间，即 $[3t,3t+b]$ 和 $[6t+b,\infty]$。而 $C_{\max}^{\mathrm{N}}(\sigma)=6t+2b$，在 $6t+2b$ 之前的机器空闲时间只有两个，分别是 $[3t,3t+b]$ 和 $[6t+b,6t+2b]$，总空闲时间为 $2b=\sum_{j=6t+1}^{7t}a_j$，即新到工件分成两个子集合 S_1 和 S_2，每个子集合的加工时间为 b，分别在两个机器空闲时间进行加工。即 $\sum_{j=S_i}a_j=b,i=1,2$，得划分问题有解。

引理 3.2 $1|r_i:s_i(\sigma)=s_i(\upsilon),\ i\in J_{\mathrm{O}}|\sum w_i(\pi^*),\ i\in J_{\mathrm{O}}:w_{\max}^{\mathrm{N}}(\sigma)$ 为 NP 难问题。

证明 因为新到工件到达时间为 0，所以最小化 $w_{\max}^{\mathrm{N}}(\sigma)$ 是正则目标函数，因此 $w_{\max}^{\mathrm{N}}(\sigma)=C_{\max}^{\mathrm{N}}(\sigma)-r_{\max}^{\mathrm{N}}(\sigma)-p_{\max}^{\mathrm{N}}(\sigma)$，$1|r_i:s_i(\sigma)=s_i(\upsilon),\ i\in J_{\mathrm{O}}|\sum w_i(\pi^*),\ i\in J_{\mathrm{O}}:w_{\max}^{\mathrm{N}}(\sigma)$ 问题可转化为 $1|r_i:s_i(\sigma)=s_i(\upsilon),\ i\in J_{\mathrm{O}}|\sum w_i(\pi^*),\ i\in J_{\mathrm{O}}:C_{\max}^{\mathrm{N}}(\sigma)$ 问题。

根据引理 3.1 即可得证。

定理 3.1 RLSM 问题：$1|r_i:s_i(\sigma)=s_i(\upsilon),\ i\in J_{\mathrm{O}}|\sum w_i(\upsilon),\ i\in J_{\mathrm{O}}:w_{\max}^{\mathrm{N}}(\sigma)$ 为 NP 难问题。

证明 因为 $\upsilon\in(\pi^*,\pi)$，所以初始调度目标函数 $\sum w_i(\pi^*),i\in J_{\mathrm{O}}$ 为 $\sum w_i(\upsilon),i\in J_{\mathrm{O}}$ 的一种特殊情况，且重调度时初始调度被锁定。由引理 3.2 知，$1|r_i:s_i(\sigma)=s_i(\upsilon),\ i\in J_{\mathrm{O}}|\sum w_i(\pi^*),\ i\in J_{\mathrm{O}}:w_{\max}^{\mathrm{N}}(\sigma)$ 问题为 NP 难问题，显然，$1|r_i:s_i(\sigma)=s_i(\upsilon),\ i\in J_{\mathrm{O}}|\sum w_i(\upsilon),\ i\in J_{\mathrm{O}}:w_{\max}^{\mathrm{N}}(\sigma)$ 问题一定为 NP 难问题。

根据假设知, 至少有一个初始工件的到达时间为 0, 由初始近似最优或最优调度可知, 如果初始工件的开始加工时间都不小于它的准备时间, 即 $s_i(\upsilon) \geqslant r_i, i \in J_{\mathrm{O}}$, 则初始工件之中没有机器空闲时间, 机器空闲时间只出现在最后一个初始工件之后, 且为无穷大, 足以处理所有新到工件。如果 n_{O} 个初始工件的当前机器可用时间都小于它的释放时间, 则每个初始工件前都存在机器空闲时间, 包括所有初始工件都处理完成之后的机器空闲时间, 所以针对新到工件重调度前共有 $n_{\mathrm{O}}+1$ 个机器空闲时间, 得性质 3.1。

性质 3.1 根据初始近似最优或最优调度, 在新到工件调度前, 机器上最少有 1 个空闲时间段, 最多有 n_{O} 个空闲时间段。

3.2.3 RLSM 问题求解算法

目前, 关于问题 $1|r_j|\sum w_i$ 已有大量研究, 假设根据现有算法[156, 157]已得到初始工件集合的最优或近优初始调度; 本书重点研究 RLSM 问题, 即 $1|r_i:s_i(\sigma)=s_i(\upsilon),\ i\in J_{\mathrm{O}}|\sum w_i(\upsilon),\ i\in J_{\mathrm{O}}:w_{\max}^{\mathrm{N}}(\sigma)$ 问题的求解算法。

3.2.3.1 插入空闲时间算法

根据 RLSM 问题的性质 3.1 设计插入空闲时间（insert idle time, IIT）算法的思路：针对初始调度中的机器空闲时间, 将新到工件按照 SPT 的规则插入机器空闲时间。

IIT 算法具体过程如下。

（1）计算初始调度处理结束前每个机器的空闲时间 I_i, 设有 t 个空闲时间, $i=1,\cdots,t$。

（2）将新到工件按照处理时间的非降序排列, 集合为 J_{N}。

（3）根据性质 3.1 按下列步骤插入新到工件。

步骤 1：定义 $i=1, m=1$。

步骤 2：如果 $i\leqslant t$ 并且 $m\leqslant n_{\mathrm{N}}$ 则转步骤 3；如果 $i>t$, 则将未调度的新到工件 $n_{\mathrm{O}}+m,\cdots,n_{\mathrm{O}}+n_{\mathrm{N}}$ 追加到初始调度最后一个工件之后处理, 如果 $m>n_{\mathrm{N}}$, 则调度

结束。

步骤 3：如果$\forall \sum_{j=m}^{m+k} p_{[j]} > I_i$，$k \in \{1+n_{\mathrm{O}}, \cdots, n_{\mathrm{N}}+n_{\mathrm{O}}\}$，则 m 不变，$i=i+1$，转步骤 2；如果$\exists \sum_{j=m}^{m+k} p_{[j]} \leqslant I_i$，$\sum_{j=m}^{m+k+1} p_{[j]} > I_i$，$k \in \{1+n_{\mathrm{O}}, \cdots, n_{\mathrm{N}}+n_{\mathrm{O}}\}$，则将新到工件$[m], \cdots, [m+k]$插入$I_i$，$m=m+k, i=i+1$，转步骤 2。

IIT 算法时间复杂度为 $O(n_{\mathrm{N}} \log(n_{\mathrm{N}})) + O(n_{\mathrm{N}}) + O(n_{\mathrm{O}}) + O(\log(n_{\mathrm{N}}) + n_{\mathrm{O}}) = O(n_{\mathrm{N}} \log(n_{\mathrm{N}}) + n)$。

3.2.3.2　IIT 算法最优性条件

定理3.2　$1 | r_i : s_i(\sigma) = s_i(\pi^*), p_j = a, i \in J_{\mathrm{O}}, j \in J_{\mathrm{N}} | \sum w_i(\pi^*), i \in J_{\mathrm{O}} : w_{\max}^{\mathrm{N}}(\sigma)$ 问题能够由 IIT 算法获得最优调度σ^*。

证明　根据性质 3.1 可知，在调度新到工件之前，初始最优调度π^*有如下 3 种情况。

（1）所有新到工件只能依次追加到初始工件最后一个工件之后进行调度，即初始调度只有 1 个机器空闲时间。$w_{\max}^{\mathrm{N}}(\sigma) = C_{\max}^{\mathrm{O}}(\pi^*) + \sum p_i - a = C_{\max}^{\mathrm{O}}(\pi^*) + (n_{\mathrm{N}}-1)a, j \in J_{\mathrm{N}}$，则$w_{\max}^{\mathrm{N}}(\sigma)$最小。

（2）所有新到工件都插入初始工件完工前的机器空闲之中调度，$w_{\max}^{\mathrm{N}}(\sigma) = C_{\max}^{\mathrm{N}}(\sigma) - a$，IIT 算法从第一个空闲开始依次调度新到工件插入机器空闲时段中，因为活跃调度中$C_{\max}^{\mathrm{N}}(\sigma)$最小，即$w_{\max}^{\mathrm{N}}(\sigma) = C_{\max}^{\mathrm{N}}(\sigma) - a$也为最小。

（3）部分新到工件插入初始工件完工前的机器空闲之中调度，证明同情况（2），剩余工件则依次追加到最后，证明同情况（1）。

3.2.3.3　IIT 算法实例

已知初始调度π^*；初始工件 $p_i = 14, i = 1, \cdots, n_{\mathrm{O}}$，$s_{[1]} = 0, s_{[2]} = 14, s_{[l]} = 38 + 14(l-3), l = 3, \cdots, m-1$，$s_{[k]} = s_{[k-1]} + 14(k-m+1) + 15, k = m, \cdots, n_{\mathrm{O}}$；新到工件 $p_j = 12, i = n_{\mathrm{O}}+1, \cdots, n_{\mathrm{O}}+16$。

如图 3.2 所示，根据 IIT 算法得到该实例的最优解，即将新到工件$n_{\mathrm{O}}+1$至$n_{\mathrm{O}}+5$插入第一个机器空闲时间，$n_{\mathrm{O}}+6$至$n_{\mathrm{O}}+13$插入第二个机器空闲时间，剩余新到工件依次追加到初始调度之后进行加工。

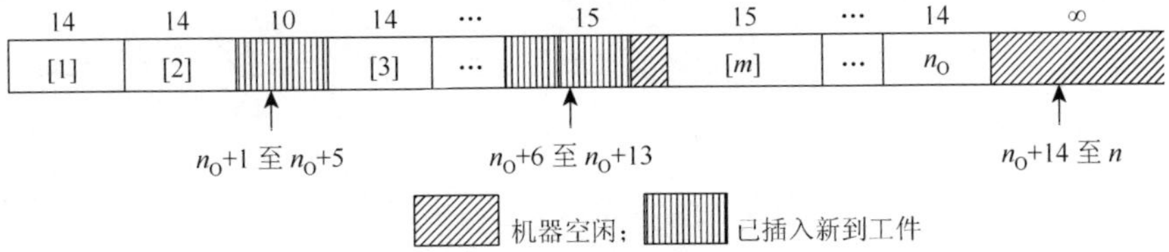

图 3.2 IIT 算法实例

3.3 RLST 问题

已知有一组带有不同释放时间的初始工件, 已经按照某优化目标获得了初始调度（最优或近优）, 此时有一组释放时间为 0 的新到工件需要插入已经锁定初始调度中的机器空闲时间进行加工, 优化目标为最小化新到工件的等待时间和。

3.3.1 RLST 问题描述

本小节研究两类 RLST 问题, 一类是新到工件的加工过程可中断的 P-RLST 问题, 另一类是新到工件的加工过程不可中断的 N-RLST 问题。下面分别针对这两类问题进行描述。

P-RLST 问题的数学模型：

$$\min \sum w_i(\sigma), \quad i \in J_{\mathrm{N}} \tag{3.5}$$

s.t.

$$s_i(\sigma) = s_i(\pi), \quad i \in J_{\mathrm{O}} \tag{3.6}$$

$$C_i(\sigma) = C_i(\pi), \quad i \in J_{\mathrm{O}} \tag{3.7}$$

$$r_i = 0, \quad i \in J_{\mathrm{N}} \tag{3.8}$$

其中, 式（3.5）为目标函数；式（3.6）和式（3.7）为锁定初始调度的约束条件；式（3.8）表示所有新工件的释放时间为 0。

N-RLST 问题的数学模型：

$$\min \sum w_i(\sigma), \quad i \in J_{\mathrm{N}} \tag{3.9}$$

s.t.

$$s_i(\sigma)=s_i(\pi),\quad i\in J_{\mathrm{O}} \tag{3.10}$$

$$C_i(\sigma)=C_i(\pi),\quad i\in J_{\mathrm{O}} \tag{3.11}$$

$$r_i=0,\quad i\in J_{\mathrm{N}} \tag{3.12}$$

$$s_{[i]}+p_{[i]}\leqslant s_{[i+1]},\quad i\in J_{\mathrm{N}} \tag{3.13}$$

其中, 式（3.9）为目标函数；式（3.10）和式（3.11）为锁定初始调度的约束条件；式（3.12）表示所有新工件的释放时间为 0；式（3.13）为所有新工件的处理时间不可中断的约束。

3.3.2　P-RLST 问题的最优算法

根据SPT启发式调度规则, 本小节针对P-RLST问题提出了一种多项式时间启发式算法, 并证明了该算法可以求得 P-RLST 问题的最优解。

3.3.2.1　算法 I

图 3.3 为算法 I 的图示, 算法 I 的具体步骤如下。

步骤1：排序过程, 将未被调度的新工件按照SPT规则排序, 存为新工件集合 J_{N} 。

步骤 2：循环程序, 设初始调度中含有 m 个机器空闲时间, 令 $j=1$, 计算 I_i 的长度（令最后一个空闲时间的长度为无穷大）, 在新工件集 J_{N} 中确定前 i 个工件, 使前 $i-1$ 个工件的处理时间和小于 I_j, 前 i 个工件的处理时间和大于或等于 I_j 。则在该机器空闲时间段 I_j 中调度前 $i-1$ 个工件和第 i 个工件前 $I_j-\sum_{k=1}^{k-1}p_k$ 段时间的加工过程, 得到部分重调度 σ_j 。工件 i 剩余的加工过程看成一个未被调度的新工件放回 J_{N}, 更新 J_{N}, $j=j+1$ 。如果 $J_{\mathrm{N}}=\varnothing$ 则结束, 否则再次进入循环程序。

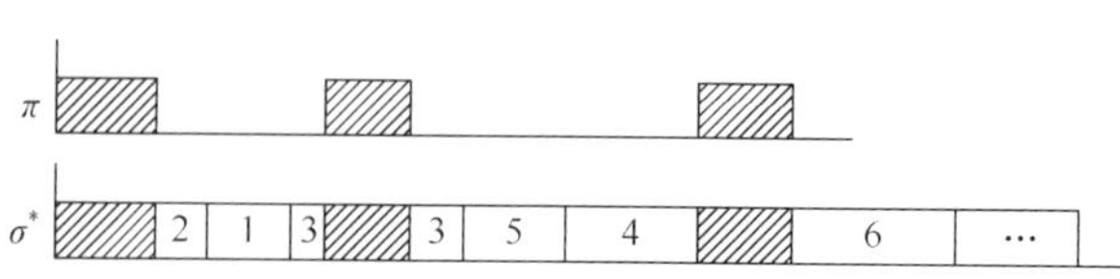

图 3.3　算法 I 的图示

阴影部分为锁定的初始工件, 无阴影的方框为处理时间可中断的新工件

排序步骤的时间复杂度为$O(n\log n)$，循环程序的时间复杂度为$O(2m(n+m))$，所以算法 I 的时间复杂度为$O(2m(n+m)+n\log n)$。

3.3.2.2 算法 I 的最优性

定理 3.3 算法 I 可以在多项式时间内获得 P-RLST 问题的最优解。

证明 假设存在一个最优调度σ^*，工件i在工件j之前进行调度，且$p_i > p_j$。令P_O表示工件i和工件j之间所有初始工件的处理时间和，P_N表示工件i和工件j之间所有被调度新工件的处理时间和，则$s_j(\sigma^*) = s_i(\sigma^*) + p_i + P_O + P_N$。将工件$i$和工件$j$交换位置进行调度，得到一个新的重调度解$\sigma'$。在$\sigma'$中，$s_j(\sigma') = s_i(\sigma^*)$；因为$p_i > p_j$，所以在工件$i$和工件$j$之间每一个被调度的新工件的开始时间和等待时间均提前$p_i - p_j$个时间单元，有

$$
\begin{aligned}
s_j(\sigma') &= s_j(\sigma') + p_j + P_O + P_N \\
&= s_i(\sigma^*) + p_j + P_O + P_N \\
&< s_i(\sigma^*) + p_i + P_O + P_N \\
&= s_j(\sigma^*)
\end{aligned}
$$

因此，$\sum w_i(\sigma') < \sum w_i(\sigma^*)$，$i \in J_N$与$\sigma^*$是最优解矛盾，而且算法的时间复杂度$O(2nm + n\log n)$为多项式时间。

3.3.3 求解 N-RLST 问题

本小节首先分析了 N-RLST 问题的复杂度，进而根据 N-RLST 问题特点设计了启发式算法，最后讨论所提出算法的有效性和最优解的特征。

3.3.3.1 N-RLST 问题的复杂度

定理 3.4 N-RLST 问题没有多项式时间近似算法，除非 P=NP。

证明 N-RLST 问题可归约为 2.1.2 小节中经典的 NP 难问题——奇偶分割问题。

根据奇偶分割问题的实例构造一个 N-RLST 问题的实例如下。

（1）新工件为$1,2,\cdots,2t$。

（2）新工件的处理时间为 $p_i = a_i, 1 \leqslant i \leqslant 2t$，其中 $a_i, 1 \leqslant i \leqslant 2t$ 为 2.1.2 小节奇偶分割问题中的正整数。

（3）初始工件块（即一组连续的初始工件）：第一个初始工件块的长度为 $[C, C+1)$，第二个初始工件块的长度为 $[2C+1, 2t(2C+1))$。即初始调度中有 $[0, C)$ 和 $[C+1, 2C+1)$ 两个机器空闲时间。

显然，当奇偶分割问题有解时，所有新工件可以在空闲时间 $[0, C)$ 和 $[C+1, 2C+1)$ 被调度。如果所有新工件能在这两个机器空闲时间内被调度，则奇偶分割问题显然有解，即使有一个新工件在两个机器空闲时间之后的 $[2t(2C+1), +\infty)$ 时间段被加工，也得不到奇偶分割问题的解。同时，众所周知，奇偶分割问题不存在多项式时间近似算法，除非 P=NP，因此问题得证。

3.3.3.2　算法 II

图 3.4 为算法 II 的图示，算法 II 的具体步骤如下。

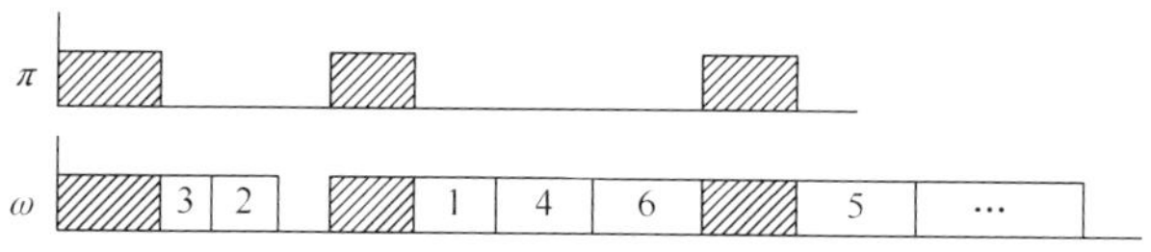

图 3.4　算法 II 的图示

阴影部分为锁定的初始工件，无阴影的方框为处理时间不可中断的新工件

步骤 1：排序过程，将新工件按照 SPT 规则排序，存为新工件集合 J_N。

步骤 2：循环程序，设初始调度中含有 m 个机器空闲时间，令 $j=1$，计算 I_j 的长度(令最后一个空闲时间的长度为无穷大)，在新工件集 J_N 中确定前 i 个工件，使前 i 个工件的处理时间和不大于 I_j，前 $i+1$ 个工件的处理时间和大于 I_j。则在该 I_j 空闲时间段调度前 i 个工件，得到部分重调度 σ_j，更新 J_N，$j=j+1$。如果 $J_N=\varnothing$ 则结束，否则再次进入循环程序。

排序步骤的时间复杂度为 $O(n\log n)$，循环程序的时间复杂度为 $O(2nm)$，所以算法 II 的时间复杂度为 $O(2nm+n\log n)$。

3.3.3.3 算法 II 的有效性和最优解的特征

定理 3.5 算法 II 可以在多项式时间内获得新工件具有相同处理时间的 N-RLST 问题的最优解。

证明 初始调度被锁定, 只需考虑新工件的加工顺序, 并将它们依次尽早进行调度。而新工件具有相同的处理时间, 则不必考虑工件顺序, 且重调度为活跃调度, 显然算法 II 可以在多项式时间内获得该类 N-RLST 问题的最优解。

定理 3.6 如果算法 II 求解 N-RLST 问题获得的重调度中没有机器空闲时间, 则该重调度即该 N-RLST 问题的最优重调度。

证明 采用数学归纳法进行证明。

根据算法 II 的第一次循环 $j=1$, 一些新工件按照 SPT 规则在第一个机器空闲时间被调度, 则包含了初始工件和这些新工件的部分重调度 σ_1, 相对于优化目标来讲, 用工件交换法很容易证明 σ_1 是最优的。即使该循环没有新工件被调度, 也不失最优性。

假设在第 t 个循环, 即 $j=t$, 算法 II 得到的部分重调度 σ_t 为最优的, 则当 $j=t+1$ 时, 在第 $t+1$ 个循环, 算法 II 获得的部分重调度 σ_{t+1} 为在第 t 个循环获得的部分重调度 σ_t 的基础上按照 SPT 规则调度一组新工件。因为 σ_t 为最优的部分重调度, SPT 规则可以获得经典的 $1|\cdot|\sum w_i, i\in J_O$ 问题的最优解[10], 因此部分重调度 σ_{t+1} 是最优的。

总而言之, 对于所有 $j(j\geqslant 1)$, σ_j 都是最优部分重调度, 问题得证。

3.4 本 章 小 结

本章研究了初始调度完全锁定情况下, 因处理新到工件而引起的复杂重调度问题。针对优化目标为最小化新到工件的最大等待时间问题, 建立了锁定初始调度的新到工件的单机重调度优化问题模型。证明了该 RLSM 问题是 NP 难问题。根据所提出的 RLSM 问题性质, 设计了一种基于插入模式的启发式算法, 并证明了该算法的最优性条件。针对优化目标为最小化新到工件的等待时间和问题，提出了两类 RLST 问题的数学模型，对 P-RLST 问题提出并证明了准确求解的多项式时间算法。对 N-RLST 问题，首先证明了该问题为 NP 难问题，进而提出了一个启发式算法，证明了该算法可以获得一类特殊问题的最优解，并讨论了该启发式算法在求解一般的 N-RLST 问题时获得最优解的特征。

本章仅研究了多项式启发算法求解 RLSM 与 RLST 问题，接下来有必要进一步研究求解 RLSM 与 RLST 问题的其他算法。并且在生产实际中，并行机、流水车间、加工车间等很多环境下都存在完全锁定初始调度的新到工件重调度问题，而且具体问题的目标函数和约束条件也各不相同，因此未来有许多与该问题相关的重调度问题值得进一步深入研究。

4　初始调度顺序锁定的新到工件单机重调度问题

本章研究了初始调度顺序锁定, 目标为最小化所有工件的最大等待时间, 初始工件带有释放时间的单机重调度（the single-machine rescheduling with release times to minimize the maximum waiting time, SRRM）问题, 以及目标为最小化所有工件等待时间和, 初始工件带有释放时间的单机重调度（the single-machine rescheduling with release times to minimize the total waiting time, SRRT）问题。两类问题的初始调度锁定, 说明初始工件之间的相对顺序在重调度时保持不变。即初始工件均具有平行链优先约束（见 2.1.1 小节, 每个工件最多有一个前驱和一个后继）。

4.1　本章符号及释义

本章中用到的符号及相关释义见表 4.1, 且本章中所有的调度均为活跃调度。不失一般性, SRRM 问题和 SRRT 问题均满足下列假设条件。

（1）新到的返工工件与初始工件属工艺同族, 装设时间均为 0。

（2）新到的返工工件等待处理的时间无限制。

（3）所有工件的处理时间、释放时间均为已知正整数。

（4）根据实际生产环境, $p_{\max}^{\mathrm{R}} \leqslant p_{\min}^{\mathrm{O}}$。

应用五参数表示法, SRRM 问题可以描述为 $1 \mid r_i, \text{chains}: w_i(\sigma) \leqslant K, i \in J_{\mathrm{O}} \mid f(\upsilon): w_{\max}(\sigma)$。

应用五参数表示法, SRRT 问题可以描述为 $1 \mid r_i, \text{chains}: w_i(\sigma) \leqslant K, i \in J_{\mathrm{O}} \mid f(\upsilon): \sum w_j, j \in J$。

表 4.1　本章中用到的符号及相关释义

符号	释义	符号	释义
$J_O = \{1,\cdots,n_O\}$	一组初始工件	$s_i(\sigma)$	工件 i 在调度 σ 中的开始加工时间
$J_R = \{n_O+1,\cdots,n_O+n_R\}$	一组返工工件	$w_i(\pi)$	工件 i 在调度 π 中的等待时间
$J = J_R \cup J_O$	所有工件的集合	$\mathrm{ros}(\pi)$	调度 π 中初始工件之间的相对顺序
$n = \lvert J \rvert = n_O + n_R$	所有工件的总数	$C_j(\pi)$	工件 j 在调度 π 中的完工时间
υ	初始调度	K	初始工件等待加工的最大限度为 K
σ	一个重调度	$[j]$	在第 j 个位置上被调度的工件
σ^*	最优重调度	$I_{[j]}$	第 j 个位置上被调度工件前面的机器空闲时间
$o \in \{\upsilon,\sigma,\sigma^*\}$	任一调度	$p_{\max}^{R}$	返工工件中的最大处理时间
p_i	工件 i 的处理时间	$p_{\min}^{O}$	初始工件中的最小处理时间
r_i	工件 i 的释放时间	$w_{\max}(\sigma)$	重调度中工件的最大等待时间
$f(\upsilon)$	初始调度的优化目标	$\sum_{i=1}^{n} w_i$	所有工件的等待时间和

4.2　SRRM　问　题

在单机环境下，一组带有不同释放时间且加工过程不可中断的初始工件，已经按照某优化目标获得了初始调度（初始调度可以不是最优调度），同样一组新到的加工过程不可中断，但释放时间为 0 的返工工件，需要插入初始调度进行加工，初始工件等待加工的最大限度为 K，优化目标是最小化所有工件的最大等待时间。

根据生产工艺的要求，在任一调度中初始工件之间的相对顺序 $\mathrm{ros}(\pi)$ 需要保持与初始调度中相同，即初始工件具有平行链优先约束。工件在 π 中的等待时间为 $w_j(\pi) = s_j(\pi) - r_j = C_j(\pi) - p_j - r_j$。工件 j 在调度时的最大可延迟时间 $\Delta_j = K - \{s_j(\upsilon) - r_j\}$，$j \in J_O$。令 η 为初始调度或者包含了一些返工工件的部分重调度，如果重调度时 $\mathrm{ros}(\eta)$ 保持不变，则工件 $[i]$ 在 η 中的最大可延迟时间为 $\Delta_{[i]}(\eta) = \min_{i \in J}\{\Delta_{[i]}, I_{[i+1]} + \Delta_{[i+1]}(\eta)\}$。

4.2.1 SRRM 问题描述

SRRM 问题数学模型描述如下：

$$\min w_{\max}(\sigma) \tag{4.1}$$

s.t.

$$w_j(\sigma) \leqslant K, \quad j \in J_{\mathrm{O}} \tag{4.2}$$

$$s_j(\sigma) \geqslant r_j, \quad j \in J \tag{4.3}$$

$$s_{[j]}(\sigma) + p_{[j]} \leqslant s_{[j+1]}(\sigma), \quad j \in J \tag{4.4}$$

$$\mathrm{ros}(\sigma) = \mathrm{ros}(\upsilon) \tag{4.5}$$

其中, 式（4.1）是目标函数；式（4.2）是由于工艺问题, 初始工件等待加工的时间受限的约束；式（4.3）保证工件只能在释放时间之后被调度；式（4.4）说明同一时间只能有一个工件被加工；式（4.5）是由于工艺等, 在重调度时初始调度中初始工件的相对顺序保持不变。

4.2.2 SRRM 问题复杂度分析

定理 4.1 SRRM 问题是 NP 难问题。

证明 SRRM 问题可归约为 2.1.2 小节中的三划分问题。

不失一般性, 假设三划分问题有一个解, 其中元素的编号满足 $a_{3l-2} + a_{3l-1} + a_{3l} = b$, $l = 1,\cdots,t$。

考虑如下 SRRM 问题实例：目标函数 $w_{\max}(\sigma) < C$, $n_{\mathrm{O}} = 9t$, $n_{\mathrm{R}} = 3t$, $K = 0$, $C = t - 1 + tb - \dfrac{b}{4}$；初始工件 $p_i = 1, i = 1,\cdots,9t$, $r_i = \begin{cases} ib + i - 1, & i = 1,\cdots,t \\ tb + i - 1, & i = t+1,\cdots,9t \end{cases}$；返工工件 $p_i = a_j, \dfrac{b}{4} < a_j < \dfrac{b}{2}, \sum a_j = t \cdot b$, 其中 $i = 9t+1,\cdots,12t$, $j = 1,\cdots,3t$。

C 为重调度 σ 所有工件中最大等待时间的下限。只需证明, 当且仅当存在一个可行解使得该问题实例的目标函数 $w_{\max}(\sigma) < C$, 则三划分问题有解, 如图 4.1 所示。

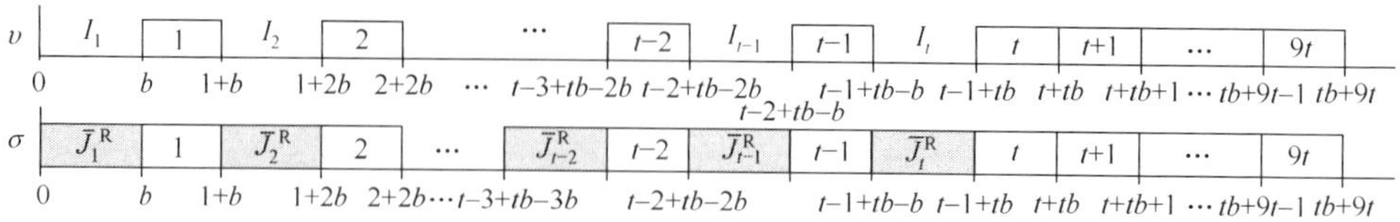

图 4.1　SRRM 问题对应三划分问题的示意图

$\overline{J}_j^{\mathrm{R}}$ 为一组返工工件，$|\overline{J}_j^{\mathrm{R}}|=3$，$\sum_{l\in\overline{J}_j^{\mathrm{R}}} p_l = b$，$j=1,\cdots,t$，$J_{\mathrm{R}}=\bigcup_{j=1}^{t}\overline{J}_j^{\mathrm{R}}$

充分性：初始调度中, 每一个初始工件的开始时间等于它的释放时间, 即 $s_i(\sigma)=r_i$, $i=1,\cdots,9t$；每一个初始工件都在一个时间段被加工, 即工件 1 在 $[b,\ 1+b]$ 时间段加工, 工件 2 在 $[1+2b,\ 2+2b]$ 时间段加工, $\cdots$, 工件 t 在 $[t-1+tb,\quad t+tb]$ 时间段加工, 工件 $t+1$ 在 $[t+tb,\ t+tb+1]$ 时间段加工, 工件 $9t$ 在 $[tb+9t-1,\quad tb+9t]$ 时间段加工。显然, 这种安排能够获得问题 $1|r_i|w_{\max}(\upsilon)$,$i\in J_{\mathrm{O}}$ 的最优解 υ , 目标函数 $w_{\max}(\upsilon)=0$ 。

由于在重调度中要求所有初始工件的等待时间为 0, 所以初始工件的开始时间和完成时间与初始调度相同, 且在初始调度中产生了 t 个机器空闲时间段。假设三划分问题有解, 如图 4.1 所示, 返工工件 $\{3t+1,\cdots,12t\}$ 将被安排到这 t 个机器空闲时间段 $[0,\ b]$, $[1+b,\ 1+2b]$, $\cdots$, $[t-1+tb-b,\ t-1+tb]$ 进行调度加工。

由于初始工件的等待时间和返工工件的释放时间为 0, 所以所有工件的最大等待时间即最后一个被调度的返工工件的等待时间。

即 $w_{\max}(\sigma)=t-1+tb-p_{\mathrm{R}}^{\mathrm{last}}$ ，$p_{\mathrm{R}}^{\mathrm{last}}$ 表示最后一个被调度的返工工件的处理时间。由于 $\dfrac{b}{4}<p_{\mathrm{R}}^{\mathrm{last}}<\dfrac{b}{2}$ 而且重调度满足 $w_{\max}(\sigma)<C$, 所以得到了 SRRM 问题实例的一个可行解。

必要性：如果 SRRM 问题实例有一个可行调度 σ 满足 $w_{\max}(\sigma)<C$, 在 SRRM 问题中 $w_{\max}(\upsilon)=0$ 且 $K=0$, 则重调度中的每一个初始工件 $\{1,\cdots,9t\}$ 的开始加工时间与初始调度中一样, 均为该工件的释放时间 r_i, $i=1,\cdots,9t$ 。而且 $3t$ 个返工工件被安排在初始调度 υ 中的 t 个机器空闲时间段里进行加工。又根据已知条件 $\dfrac{b}{4}<p_{\mathrm{R}}^{\mathrm{last}}<\dfrac{b}{2}$, 得到 $w_{\max}=t-1+tb-p_{\mathrm{R}}^{\mathrm{last}}<C$ 和 $\sum_{j=1+3t}^{12t}p_j=\sum_{j=1}^{3t}a_j=tb$, 说明在可行

调度 σ 中没有机器空闲时间，并且所有返工工件在初始调度所包含的 t 个长度为 b 的机器空闲时间（即 $[0, b]$, $[1+b, 1+2b]$, $\cdots$, $[t-1+tb-b, t-1+tb]$）中被调度，每个时间段中调度 3 个返工工件，即三划分问题有解。

以上归约法的证明过程说明，除非 P=NP，针对任意 $M>0$，SRRM 问题才能有 M 近似算法。根据划分问题构造一个实例可更为直观地说明 SRRM 问题对任意 $M>0$ 无 M 近似算法。每一个返工工件对应划分实例的一个元素，令 $K=0$，有两个处理时间分别为 1 和 $(2b+1)M$ 的初始工件在初始调度中形成两个空闲时间段（每个时间段长度都等于 b）。由此可见，只要划分问题有解，所有返工工件可以在这两个时间段加工，即返工工件的最大等待时间为 $2b+1$。如果划分问题无解，则返工工件的最大等待时间最小为 $(2b+1)+(2b+1)M+1>(2b+1)M$。针对一些特殊的 SRRM 问题，根据问题的性质和特点本书设计了伪多项式算法和启发式算法，并给出了算法的最优性证明。

4.2.3 SRRM 问题的最优解性质

由于初始工件有释放时间，当初始工件的释放时间大于当前机器的可用时间（即前一个初始工件的完工时间）时，该初始工件前就会产生 1 个机器空闲时间，所以在一般的 SRRM 问题中，通常初始调度中是含有机器空闲时间的。

性质 4.1 当且仅当 $p_j \leqslant I_{[i]}+\Delta_{[i]}(\eta)$, $[i]\in J$, $[i]\in\eta$, $j\in J_{\mathrm{R}}$, $j\notin\eta$ 时，工件 j 紧挨着工件$[i]$之前进行加工才得到可行的重调度方案。

证明 如果 $p_j \leqslant I_{[i]}+\Delta_{[i]}(\eta)$, $[i]\in J$, $[i]\in\eta$, $j\in J_{\mathrm{R}}$, $j\notin\eta$，则说明工件$[i]$之前的机器空闲时间与该工件在初始调度中可延迟的最大时间之和不小于工件 j 的处理时间。因此，将工件 j 紧挨着工件$[i]$之前进行加工满足 SRRM 的问题约束条件，即得到一个可行的重调度方案。

反之，在一个可行的重调度方案中，工件 j 紧挨着工件$[i]$之前进行调度，则工件$[i]$以及工件 j 之后调度的所有工件一定满足等待时间不大于 K 的约束条件，所以工件[i]之前的机器空闲时间与该工件在初始调度中可延迟的最大时间之和不小于工件 j 的处理时间, 即 $p_j \leqslant I_{[i]} + \varDelta_{[i]}(\eta)$, $[i] \in J$, $[i] \in \eta$, $j \in J_{\mathrm{R}}$, $j \notin \eta$ 。

接下来说明一个返工工件和一个初始工件的结构化性质。

性质 4.2　如果 SRRM 问题的一个可行重调度方案 σ 中, 存在一个返工工件 j 紧跟着初始工件[i]被调度, 而且 $p_j \leqslant I_{[i]} + \varDelta_{[i]}(\sigma)$, 则将返工工件 j 与初始工件[i]交换位置进行调度, 得到一个相对于 σ 等优或更优的重调度方案 σ' 。

证明　首先条件 $p_j \leqslant I_{[i]} + \varDelta_{[i]}(\sigma)$ 能保证 σ' 的可行性, 根据假设条件 $p_{\max}^{\mathrm{R}} \leqslant p_{\min}^{\mathrm{O}}$, 通过简单的工件交换思想即可证明 σ' 等优或更优于 σ 。

如果返工工件之间的调度顺序已确定, 则性质 4.2 说明将返工工件尽可能早地安排在初始工件前调度对 SRRM 问题的目标是有益的, 所以很容易得到下面的性质 4.3。

性质 4.3　若返工工件之间的调度顺序确定, 则在满足 SRRM 模型中约束条件式（4.2）的前提下, 将返工工件尽可能早地在初始工件前调度即可得到 SRRM 问题的最优解。

进而根据性质 4.3, 性质 4.4 说明了 SRRM 问题的最优解空间。

性质 4.4　SRRM 问题的最优解空间为全排列所有返工工件, 并按照每一种排列将返工工件尽可能早地安排在初始工件前加工的调度集。

下面证明一个重要的性质, 用于等价简化 SRRM 问题的目标函数, 从而有效解决 SRRM 问题。

性质 4.5　目标函数为最小化 $w_{\max}(\sigma)$ 的 SRRM 问题等价为目标函数为最小化 $\max\{w_i(\sigma) \mid i \in J_{\mathrm{R}}\}$ 的 SRRM 问题。

证明　SRRM 问题目标函数为

$$\begin{aligned} w_{\max}(\sigma) &= \max\{w_i(\sigma) \mid i \in J\} \\ &= \max\{\max\{w_i(\sigma) \mid i \in J_{\mathrm{O}}\},\ \max\{w_i(\sigma) \mid i \in J_{\mathrm{R}}\}\} \end{aligned}$$

根据 SRRM 问题模型中约束条件式（4.5）, 重调度时初始调度中的初始工件之间的顺序保持不变, 因此, 求解 SRRM 问题只需考虑返工工件以及返工工件与初始工件的相对顺序。根据性质 4.3 可知, 仅考虑返工工件之间的最优顺序即可获得最优解。换言之，目标函数为最小化 $w_{\max}(\sigma)$ 的 SRRM 问题等价为目标函数为最小化 $\max\{w_i(\sigma) \mid i \in J_{\rm R}\}$ 的 SRRM 问题，即 $w_{\max}(\sigma) = \max\{w_i(\sigma) \mid i \in J_{\rm R}\}$。

此外，由于返工工件的释放时间为 0，目标 $\max\{w_i(\sigma) \mid i \in J_{\rm R}\}$ 为正则调度。因此，插入多余的机器空闲时间对于目标函数是无益的，即确定工件之间最优顺序即可获得最优调度。根据性质 4.5 可进一步获得下面最优解性质。

性质 4.6　SRRM 问题的所有最优调度中，在最后一个返工工件块中，最后调度的返工工件一定是该块中处理时间最长的返工工件。

证明　通过简单的工件交换方法即可证明。

性质 4.7　存在一个 SRRM 问题的最优解，其中每一个返工工件块中的返工工件符合 SPT 顺序。

证明　通过简单的工件交换方法即可证明。

4.2.4　一个特殊的 SRRM 问题的伪多项式算法

本小节研究了一个 SRRM 问题特例，称为 SRRM-k。其条件满足 $|s_{[j]}(\upsilon) + \varDelta_{[j]}(\upsilon) > C_{[j-1]}(\upsilon) + \varDelta_{[j-1]}(\upsilon)| = 1,\ j = 1, \cdots, n_{\rm O}$。即在 SRRM-$k$ 中，在满足约束条件的前提下，如果将初始调度中的所有初始工件都推迟到最晚开始调度，则只存在一个机器空闲时间。下面分析 SRRM-k 的两个最优解性质，并根据问题性质设计求解 SRRM-k 的基于背包问题算法（KbA）。

4.2.4.1　SRRM-k 的最优解性质

性质 4.8　SRRM-k 问题中，存在一个最优调度，在所有调度的返工工件中最后调度的一定是处理时间最长的返工工件。

证明　通过简单的工件交换方法即可证明。

性质 4.9　SRRM-k 问题中，最小化 $w_{\max}(\sigma)$ 的目标函数等价于最小化 $\max\{C_i(\sigma) \mid i \in J_{\rm R} \setminus l\}$，其中 l 为处理时间最长的返工工件。

证明　根据性质 4.5，目标为最小化 $w_{\max}(\sigma)$ 的 SRRM-k 问题等价于目标为最

小化 $\max\{C_i(\sigma) \mid i \in J_R \setminus l\}$ 的 SRRM-k 问题, 分三种情况考虑 SRRM-k 问题, 其中 $I=\sum I_j, j \in J_O$ 为初始调度中最后一个初始工件前所有机器的空闲时间和。

情况 4.1 $\sum_{i \in J_R \setminus l} p_i > I$, 即除了工件 l, 其他返工工件的处理时间和大于将 SRRM-k 中所有初始工件推迟到最晚调度所产生的空闲时间。所以, 重调度除了 l 还有一些工件在最后一个初始工件之后被调度。根据性质 4.2 和性质 4.8, $\max\{w_i(\sigma) \mid i \in J_R\} = \max\{C_i(\sigma) \mid i \in J_R\} - p_l = \max\{C_i(\sigma) \mid i \in J_R \setminus l\}$。

情况 4.2 $\sum_{i \in J_R} p_i \leqslant I$, 即所有返工工件的处理时间不大于将 SRRM-$k$ 中所有初始工件推迟到最晚调度所产生的空闲时间。根据性质 4.8, 将所有返工工件在该空闲时间调度并且将处理时间最长的返工工件放在所有返工工件最后调度可得到最优重调度 σ^*, 显然 $\max\{C_i(\sigma^*) \mid i \in J_R \setminus l\}$ 也为 SRRM-k 的最优解。

情况 4.3 $\sum_{i \in J_R \setminus l} p_i \leqslant I$ 且 $\sum_{i \in J_R} p_i > I$。根据性质 4.2 和性质 4.8, 在最后一个初始工件之后调度返工工件 l, 在将 SRRM-k 中初始调度的所有初始工件推迟到最晚调度所产生的空闲时间中调度剩余的返工工件, 显然可得到 SRRM-k 的最优解。

4.2.4.2 KbA 及其复杂度

根据性质 4.3、性质 4.8 和性质 4.9, 本章设计了 KbA, 其主要思想：首先, 将所有初始调度中的初始工件推迟到最晚进行调度；然后, 除了处理时间最长的返工工件, 其他工件用经典的动态规划算法最小化 $\max\{C_i(\sigma) \mid i \in J_R \setminus l\}$；最后, 调度处理时间最长的返工工件。具体步骤如下。

步骤 1：将初始工件的开始时间更新为 $s_{[j]}(\upsilon)+\Delta_{[j]}(\upsilon)$, 然后计算空闲时间 $I=\max\{s_{[j]}(\upsilon)+\Delta_{[j]}(\upsilon)-C_{[j-1]}(\upsilon)+\Delta_{[j-1]}(\upsilon)\}$, 其中 $j=1,\cdots,n_O$。

步骤 2：找到返工工件集 J_R 中, 处理时间最长的返工工件 l。

步骤 3：令预调度的候选返工工件集为 $J_c = J_R \setminus l$。采用经典的动态规划方法解决 n_R-1 个返工工件构成的候选返工工件集 J_c 和 1 个空闲时间 I 的背包问题, 在候选返工工件集 J_c 中, 返工工件 i 的处理时间为 p_i, 返工工件 i 的价值也为 p_i。状态变量：候选返工工件集 J_c 和剩余的空闲时间 I_r。决策变量：候选返工工件集 J_c

中的返工工件 i 是否插入空闲时间被调度。函数值：函数值 V 等于插入空闲时间中被调度的所有返工工件的价值之和。状态转移方程：

$$\begin{cases} V(i,I_{\mathrm{r}}) = \max\{V(i,I_{\mathrm{r}}),\ V(i-1,I_{\mathrm{r}}-p_i)\}, & I_{\mathrm{r}} \geqslant p_i \\ V(i,I_{\mathrm{r}}) = V(i-1,I_{\mathrm{r}}), & I_{\mathrm{r}} < p_i \end{cases}$$

步骤 4：如果 $J_{\mathrm{c}} \neq \varnothing$，则将 J_{c} 中的返工工件随机放在最后一个初始工件之后调度，否则转步骤 5。

步骤 5：调度返工工件 l。如果剩余的空闲时间 $I_{\mathrm{r}} \geqslant p_l$，则将返工工件 l 在最后一个已被调度的返工工件之后进行调度。否则返工工件 l 在所有工件之后被调度。

步骤 1 的时间复杂度为 $O(2n_{\mathrm{O}})$，步骤 2 为 $O(n_{\mathrm{R}})$，步骤 3 为 $O(n_{\mathrm{R}}I)$，步骤 4 和步骤 5 之和为 $O(n_{\mathrm{R}})$，所以 KbA 的时间复杂度为 $O(2n_{\mathrm{O}}+2n_{\mathrm{R}}+n_{\mathrm{R}}I)$。

4.2.4.3　KbA 的分析

KbA 的计算时间依赖于空闲时间 I 的长短，所以 KbA 是一个伪多项式算法，得到如下定理。

定理 4.2　满足 $|s_{[j]}(\upsilon)+\Delta_{[j]}(\upsilon) > C_{[j-1]}(\upsilon)+\Delta_{[j-1]}(\upsilon)| = 1,\ j=1,\cdots,n_{\mathrm{O}}$ 条件的 SRRM 问题可以应用 KbA 在伪多项式时间内找到一个最优调度 σ^*。

证明　根据性质 4.2，KbA 首先将初始工件的开始时间推迟到初始调度中的最大可延迟时间，然后在满足约束（4.2）的前提下，用经典的动态规划算法将处理时间和最大的返工工件集，放在初始工件前（即空闲时间 I 中）进行调度，因此，步骤 4 可以得到目标为最小化 $\max\{C_i(\sigma) \mid i \in J_{\mathrm{R}} \setminus l\}$ 的 SRRM-k 的最优解。根据性质 4.8 和性质 4.9，步骤 5 最后调度处理时间最长的返工工件 l 就可以得到 SRRM-k 的最优调度。

4.2.5　一般 SRRM 问题的启发式算法

根据 4.2.2 小节提出的问题性质，本小节开发了名为最短时间插入的启发式（the shortest time inserted heuristic, SIH）算法，并讨论了 SIH 算法求解多种特殊

SRRM 问题的最优性。

4.2.5.1 SIH 算法及其复杂度

根据问题的最优解性质, SIH 算法的基本思想如下：将返工工件按 SPT 规则排序, 然后依次将它们尽可能早地插入初始调度中的初始工件前进行调度。图 4.2 为 SIH 算法的流程图, SIH 算法的具体步骤如下。

步骤 1：将返工工件按照处理时间的非降序排列记为集合 $\omega=\{n_{\mathrm{O}}+1,\cdots,n_{\mathrm{O}}+n_{\mathrm{R}}\}$。令 $P_l=\sum_{j=1}^{l}p_j$, $l\in\{1,\cdots,|\omega|\}$ 表示在集合 ω 中前 l 个返工工件的处理时间和。

步骤 2：令 $\sigma=\varnothing$, $\tilde{I}=I_{[1]}$, 其中 $I_{[1]}$ 表示初始调度 υ 中第一个被调度的工件前的机器空闲时间。

步骤 2.1：如果 $\upsilon\neq\varnothing$, $\omega\neq\varnothing$, 则转步骤 2.1.1。如果 $\upsilon\neq\varnothing$, $\omega=\varnothing$, 则替换 $\sigma=\sigma|\upsilon$, 即 υ 紧接着 σ 之后调度。如果 $\upsilon=\varnothing$, $\omega\neq\varnothing$, 则 $\sigma=\sigma|\omega$。

步骤 2.1.1：在 υ 中, 令 $i=2$。如果 $C_{[i-1]}(\upsilon)<s_{[i]}(\upsilon)$ 且 $s_{[i]}(\upsilon)=r_{[i]}$, 则计算前 i 个位置中 $\Delta_{\min}=\min\limits_{a=1,\cdots,i-1}\{\Delta_{[a]}(\upsilon)\}$, $\Delta=\min\{\Delta_{\min},r_{[i]}-C_{[i-1]}(\upsilon)\}$。标记初始工件 $[m]$, 使得 $m=\arg\min\limits_{a=1,\cdots,i-1}\{\Delta_{[a]}(\upsilon)\}$, 并且令 $\tilde{J}_{\mathrm{O}}=\{[j]\,|\,j\leqslant m,\ [j]\in\upsilon\}$ 为调度 υ 中前 m 个位置的初始工件的集合。转向步骤 2.2。否则, $i=i+1$, 如果 $i>|\upsilon|$, $\Delta=\min\limits_{a=1,\cdots,n_{\mathrm{O}}}\{\Delta_{[a]}(\upsilon)\}$。标记初始工件 $[m]$, 其中 $m=\arg\min\limits_{a=1,\cdots,n_{\mathrm{O}}}\{\Delta_{[a]}(\upsilon)\}$。令 $\tilde{J}_{\mathrm{O}}=\{[j]\,|\,j\leqslant m,\ [j]\in\upsilon\}$, 转向步骤 2.2。否则, 转向步骤 2.1.1。

步骤 2.2：如果 $\exists P_l\leqslant\Delta+\tilde{I}$ 且 $P_{l+1}>\Delta+\tilde{I}$, 其中 $P_{|\omega|+1}=+\infty$, 则在 ω 中选择 $\tilde{J}_{\mathrm{R}}=\{n_{\mathrm{O}}+1,\cdots,n_{\mathrm{O}}+l\}$, 令 $\omega=\omega\setminus\tilde{J}_{\mathrm{R}}$, 转步骤 2.2.1。否则, $\tilde{J}_{\mathrm{R}}=\varnothing$, $\omega=\omega$。如果 $\Delta=r_{[i]}-C_{[i-1]}(\upsilon)$, 则 $\sigma=\sigma$ 且 $\tilde{I}=\Delta+\tilde{I}$。更新 υ 中所有工件的开始时间, 令 $s_{[1]}(\upsilon)=s_{[1]}(\upsilon)+\Delta$；如果 $\Delta=\Delta_{\min}$, 则 $\sigma=\sigma|\tilde{J}_{\mathrm{O}}$, $\upsilon=\upsilon\setminus\tilde{J}_{\mathrm{O}}$, $\tilde{I}=r_{[i]}-C_{[i-1]}(\upsilon)$。更新 υ 中所有工件的开始时间, 令 $s_{[1]}(\upsilon)=s_{[1]}(\upsilon)+\Delta$。转步骤 2.1。

步骤 2.2.1：如果 $\Delta=r_{[i]}-C_{[i-1]}(\upsilon)$, 则 $\tilde{I}=\Delta+\tilde{I}-P_l$, $\sigma=\sigma|\tilde{J}_{\mathrm{R}}$。更新 υ 中所有工件的开始时间, 令 $s_{[1]}(\upsilon)=s_{[1]}(\upsilon)+\Delta$；如果 $\Delta=\Delta_{\min}$, 则 $\sigma=\sigma|\tilde{J}_{\mathrm{R}}|\tilde{J}_{\mathrm{O}}$, $\upsilon=\upsilon\setminus\tilde{J}_{\mathrm{O}}$, $\tilde{I}=\Delta+\tilde{I}-P_l$。更新 υ 中所有工件的开始时间, 令 $s_{[1]}(\upsilon)=s_{[1]}(\upsilon)+\Delta$。转步骤 2.1。

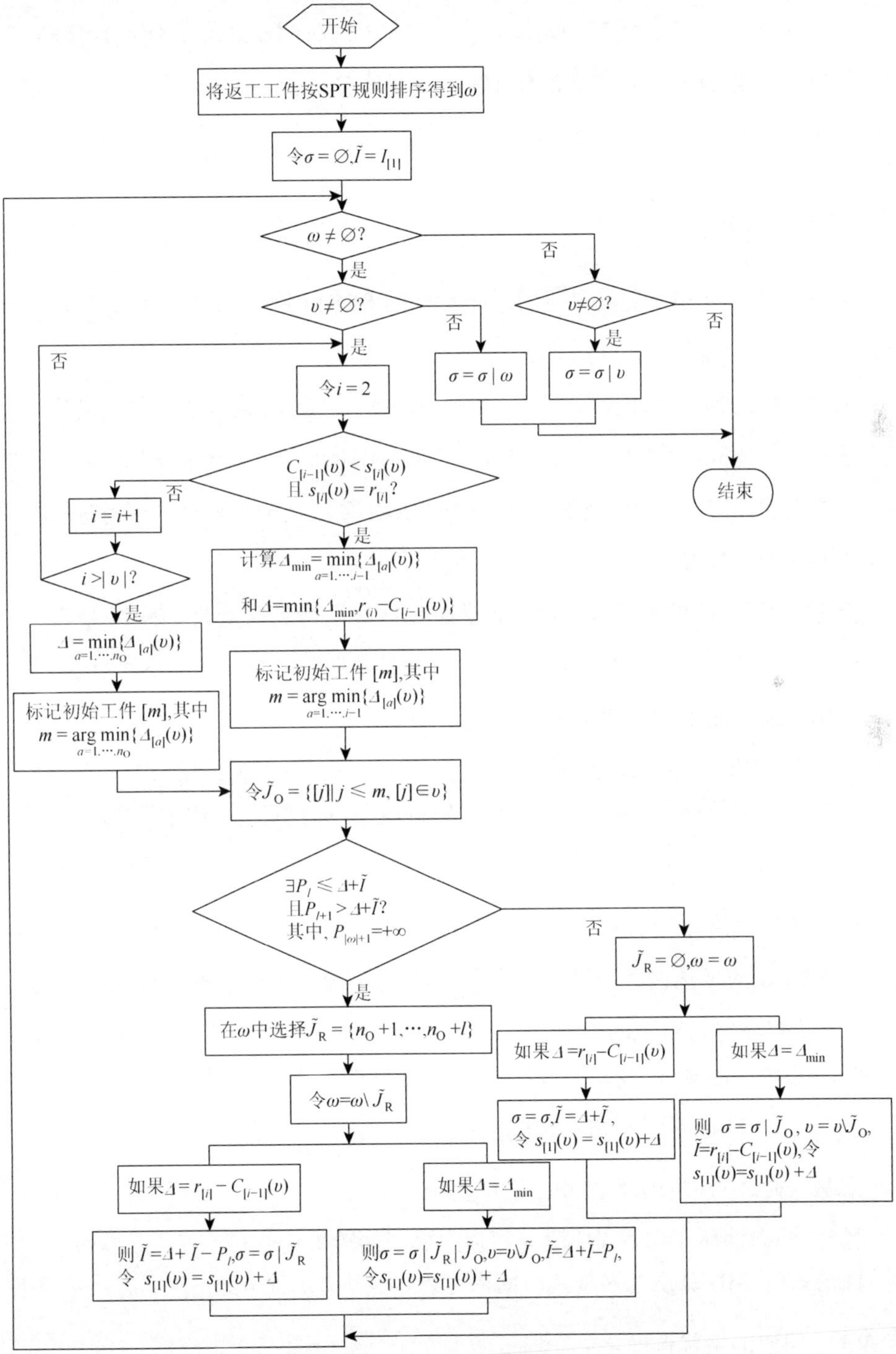

图 4.2 SIH 算法的流程图

步骤 1 的时间复杂度是 $O(n_R \log n_R)$, 步骤 2 的时间复杂度是 $O(n_O)$, 步骤 2.1 的时间复杂度是 $O(n_O)$, 步骤 2.2 的时间复杂度是 $O(n_R(n_R+2n))$, 所以 SIH 算法的时间复杂度是 $O(n_O^2+n_On_R^2+2nn_On_R)$。

4.2.5.2　SIH 算法的分析

本小节讨论的 SIH 算法是求解六个特殊的 SRRM 问题的最优算法, 是求解一个特殊 SRRM 问题的 3/2 近似算法。

初始工件的释放时间导致了在一般的 SRRM 问题中, 连续的工件块之间可能存在机器空闲时间。而返工工件的释放时间为 0, 所以在一个最优解中, 返工工件前没有机器空闲时间。接下来的定理说明了 SIH 算法是一个与机器空闲时间相关的特殊问题的最优算法。

定理 4.3　一般的 SRRM 问题, 如果在 SIH 算法得到的重调度解中, 最后一个调度的返工工件前没有机器空闲时间, 则该重调度是最优的。

证明　通过简单的工件交换方法即可证明。

1）第一类特殊的 SRRM 问题

考虑第一类特殊的 SRRM 问题, 初始调度中没有机器空闲时间, 即 $s_{[j]}(\upsilon)\geqslant r_{[j]}, j=1,\cdots,n_O$, 该类问题被命名为 SSR-$b$。

由于初始调度中没有机器空闲时间且返工工件的释放时间为 0, 所以很容易证明在 SSR-b 的最优调度中没有机器空闲时间, 下面提出一个对证明 SIH 算法为 SSR-b 最优算法非常有用的性质。

性质 4.10　满足 $s_{[j]}(\upsilon)\geqslant r_{[j]}, j=1,\cdots,n_O$ 条件的 SRRM 问题存在一个最优调度, 其中返工工件顺序符合 SPT 规则。

证明　通过简单的工件交换方法即可证明。

显然, 根据性质 4.10 和定理 4.3 可以得到下面的推论。

推论 4.1　SIH 算法在多项式时间内可以得到满足 $s_{[j]}(\upsilon)\geqslant r_{[j]}, j=1,\cdots,n_O$ 条件的 SRRM 问题的最优调度。

图 4.3 为推论 4.1 的一个实例。初始工件：$p_1=12, p_2=10, p_3=10, p_4=8, p_5=13; r_1=0, r_2=12, r_3=20, r_4=27, r_5=38$ 。返工工件：$p_6=1, p_7=2, p_8=3; K=9$；$w_{\max}(\sigma^*)=w_8=44$ 。

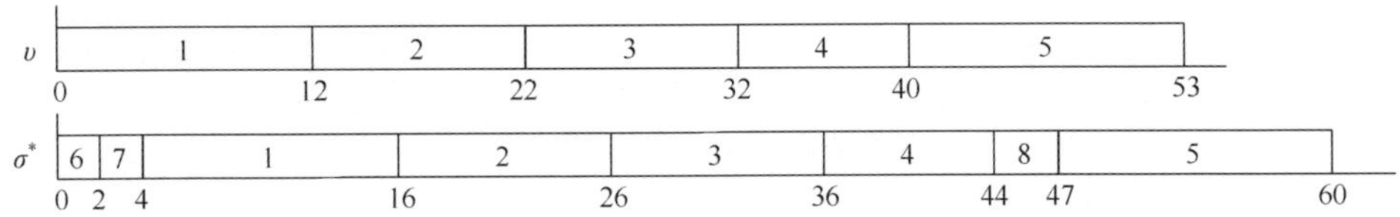

图 4.3　推论 4.1 的实例

2）第二类特殊的 SRRM 问题

考虑第二类特殊的 SRRM 问题，每一个初始工件在初始调度中的最大可延迟时间都不小于返工工件中最长的处理时间，即 $\Delta_j=K-\{s_j(\upsilon)-r_j\}\geqslant\max\{p_i\mid i\in J_{\mathrm{R}}\}$，$j\in J_{\mathrm{O}}$。

推论 4.2　SIH 算法在多项式时间内可以得到满足 $\Delta_j\geqslant\max\{p_i\mid i\in J_{\mathrm{R}}\}$，$j\in J_{\mathrm{O}}$ 条件的 SRRM 问题的最优调度。

证明　根据 $\Delta_j\geqslant\max\{p_i\mid i\in J_{\mathrm{R}}\}$，$j\in J_{\mathrm{O}}$，无论初始工件中是否有机器空闲时间，所有初始工件在初始调度中的可延迟时间均满足 $\Delta_j(\upsilon)\geqslant\max\{p_i\mid i\in J_{\mathrm{R}}\}$，$j\in J_{\mathrm{O}}$。在初始调度 υ 或者一个已经插入返工工件的部分重调度中，若初始工件前没有机器空闲时间，无论在此初始工件之前是否插入返工工件，该初始工件前没有机器空闲时间；若初始工件前有机器空闲时间，由于每一个初始工件在初始调度中的最大可延迟时间都不小于返工工件中最长的处理时间，至少有一个或者多个返工工件能够在该初始工件前调度，且插入后该工件前没有机器空闲时间。因此，根据定理 4.3 可得，SIH 算法在多项式时间内可以得到满足 $\Delta_j\geqslant\max\{p_i\mid i\in J_{\mathrm{R}}\}$，$j\in J_{\mathrm{O}}$ 条件的 SRRM 问题的最优调度。

图 4.4 为推论 4.2 的一个实例。

初始工件：$p_1=10, p_2=10, p_3=12, p_4=8, p_5=13, p_6=8, p_7=6$；$r_1=0, r_2=6, r_3=21, r_4=29, r_5=42, r_6=56, r_7=73$。

返工工件：$p_8 = 2, p_9 = 2, p_{10} = 3, p_{11} = 4$；$K = 8$；$w_{\max}(\sigma^*) = w_{11} = 60$。

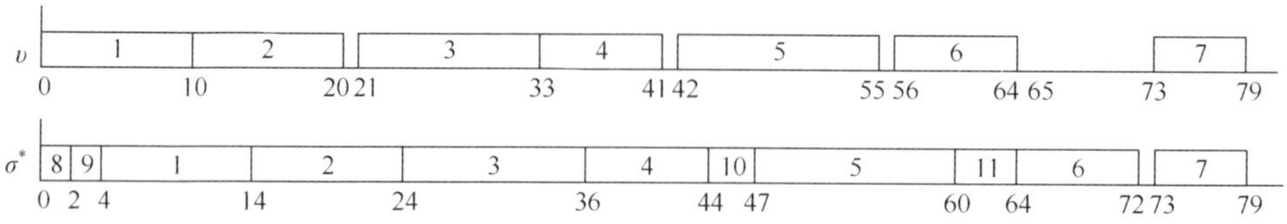

图 4.4　推论 4.2 的实例

3）第三类特殊的 SRRM 问题

第三类特殊的 SRRM 问题是所有返工工件的处理时间都相等，称为 SRRM-p 问题，即 $p_j = p, j \in J_O$，其中 p 为一常数。

命题 4.1　SIH 算法在多项式时间内可以得到满足 $p_j = p, j \in J_O$ 条件的 SRRM 问题的最优调度。

证明　SRRM-p 问题中所有返工工件具有相同的处理时间，所以根据性质 4.2 和性质 4.5 知，将返工工件在重调度中尽可能早地调度可以得到一个最优解。

图 4.5 为命题 4.1 的一个实例。

初始工件：$p_1 = 10, p_2 = 10, p_3 = 10, p_4 = 8, p_5 = 13$；$r_1 = 1, r_2 = 3, r_3 = 24, r_4 = 26, r_5 = 43$。

返工工件：$p_6 = p_7 = p_8 = 2$；$K = 8$；$w_{\max}(\sigma^*) = w_8 = 44$。

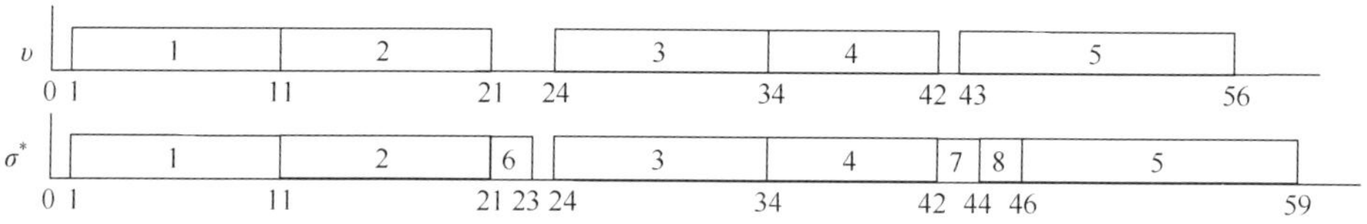

图 4.5　命题 4.1 的实例

接下来讨论三类有关初始工件和返工工件的特殊 SRRM 问题。

4）第四类特殊的 SRRM 问题

第四类特殊的 SRRM 问题是所有返工工件都能在第一个初始工件前调度，即 $I_{[1]} + \Delta_{[1]}(\upsilon) \geqslant \sum_{i \in J_R} p_i$。

命题 4.2　SIH 算法在多项式时间内可以得到满足 $I_{[1]}+\Delta_{[1]}(\upsilon)\geqslant\sum_{i\in J_R}p_i$ 条件的 SRRM 问题的最优调度。

证明　根据 SIH 算法, 所有返工工件按照 SPT 的顺序均在第一个初始工件前被调度, 可以得到 $\max\{w_i(\sigma)\,|\,i\in J_R\}=\sum_{i\in J_R}p_i-\max\{p_i\,|\,i\in J_R\}$。接下来该命题通过简单的工件交换方法即可证明。

图 4.6 为命题 4.2 的一个实例。

初始工件：$p_1=10,\ p_2=10,\ p_3=12,\ p_4=13,\ p_5=13,\ p_6=8$；$r_1=0,\ r_2=8,\ r_3=25,\ r_4=36,\ r_5=47,\ r_6=65$。

返工工件：$p_7=1,\ p_8=1,\ p_9=3$；$K=8$；$w_{\max}(\sigma^*)=w_2=7$。

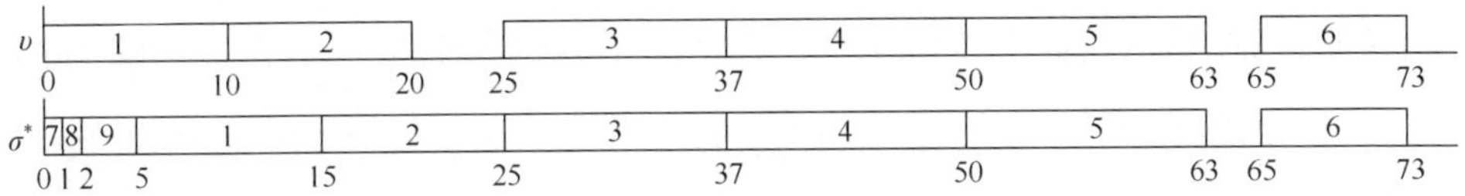

图 4.6　命题 4.2 的实例

5）第五类特殊的 SRRM 问题

考虑第五类特殊的 SRRM 问题, 没有一个返工工件能插入初始调度中进行调度, 所有返工工件只能放在初始调度的最后一个初始工件之后进行调度, 即 $I_{[j]}+\Delta_{[j]}(\upsilon)<\min\{p_i\,|\,i\in J_R\}$, $[j]\in J_O$。

命题 4.3　SIH 算法在多项式时间内可以得到满足 $I_{[j]}+\Delta_{[j]}(\upsilon)<\min\{p_i\,|\,i\in J_R\}$, $[j]\in J_O$ 条件的 SRRM 问题的最优调度。

证明　$I_{[j]}+\Delta_{[j]}(\upsilon)<\min\{p_i\,|\,i\in J_R\}$, $[j]\in J_O$ 说明没有一个返工工件能够插入初始调度中进行调度, 该命题证明与命题 4.2 类似, 即通过简单的工件交换方法即可证明。

图 4.7 为命题 4.3 的一个实例。

初始工件：$p_1=10,\ p_2=10,\ p_3=12,\ p_4=13,\ p_5=10$；$r_1=0,\ r_2=4,\ r_3=21,\ r_4=27,\ r_5=48$。

返工工件：$p_6=3,\ p_7=3,\ p_8=5$；$K=8$；$w_{\max}(\sigma^*)=w_8=62$。

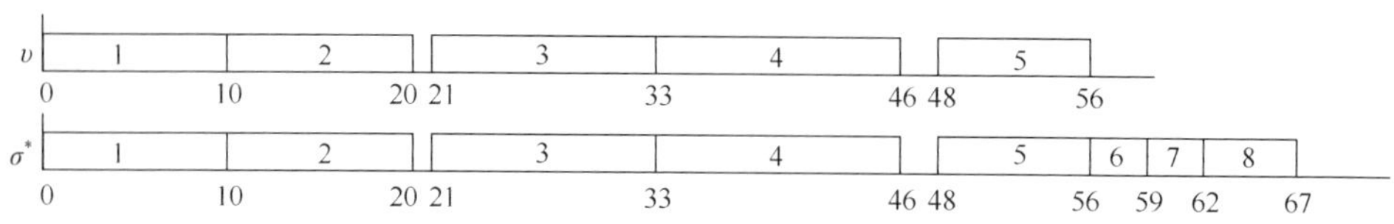

图 4.7 命题 4.3 的实例

6）第六类特殊的 SRRM 问题

接下来考虑第六类特殊的 SRRM 问题, 将初始调度中的初始工件的开始时间推迟到最大延迟时间, 所得到的空闲时间之和小于所有返工工件的处理时间之和, 即 $I(\upsilon)+\Delta_{[n_O]}<\sum_{i\in J_R}p_i$。

定理 4.4 SIH 算法为满足条件 $I(\upsilon)+\Delta_{[n_O]}<\sum_{i\in J_R}p_i$, SRRM 问题多项式时间的 3/2 近似算法。

证明 $I(\upsilon)+\Delta_{[n_O]}$ 为工件 $[n_O]$ 之前的最长可利用的时间, 所以在最优解 OPT 中, 无论工件 $[n_O]$ 之前初始工件的开始时间在重调度时是否向后推迟, $I(\upsilon)+\Delta_{[n_O]}<\sum_{i\in J_R}p_i$ 则说明至少有一个返工工件被安排在最后一个初始工件之后被调度。

SIH 算法获得的重调度 σ 中, 机器空闲时间一定出现在初始工件前, 而且在任一初始工件 j 前出现的机器空闲时间 I_j 一定小于 $\max\{p_i\mid i\in J_R\}$。 n_O 个初始工件说明在重调度中最多有 n_O 个机器空闲时间, 所以得到 $I(\sigma)\leqslant n_O\cdot\max\{p_i\mid i\in J_R\}$。根据假设 $p_{\max}^{R}\leqslant p_{\min}^{O}$, $n_O\cdot\max\{p_i\mid i\in J_R\}\leqslant\sum_{i=1}^{n_O}p_i$, 所以 $I(\sigma)\leqslant\sum_{i=1}^{n_O}p_i$, $2I(\sigma)\leqslant I(\sigma)+\sum_{i=1}^{n_O}p_i\leqslant I(\upsilon)+\sum_{i=1}^{n_O}p_i=\max\{C_i(\upsilon)\mid i\in J_O\}\leqslant \mathrm{OPT}$。

因此, $I(\sigma)\leqslant\frac{1}{2}\mathrm{OPT}$。根据 $\max\{C_i(\sigma)\mid i\in J_R\}>\max\{C_i(\sigma)\mid i\in J_O\}$ 和性质 4.3 可得到 $w_{\max}(\sigma)$:

$$
\begin{aligned}
w_{\max}(\sigma)&=\max\{w_i(\sigma)\mid i\in J_R\}=\max\{C_i(\sigma)\mid i\in J_R\}-\max\{p_i\mid i\in J_R\}\\
&=\sum_{i=1}^{n_O}p_i+\sum_{j=n_O+1}^{n_O+n_R}p_j+I(\upsilon)-(I(\upsilon)-I(\sigma))-\max\{p_i\mid i\in J_R\}\\
&=\sum_{i=1}^{n_O}p_i+\sum_{j=n_O+1}^{n_O+n_R}p_j-\max\{p_i\mid i\in J_R\}+I(\sigma)
\end{aligned}
$$

因为 $\sum_{i=1}^{n_O}p_i+\sum_{j=n_O+1}^{n_O+n_R}p_j-\max\{p_i\mid i\in J_R\}\leqslant \mathrm{OPT}$, 所以 $w_{\max}(\sigma)\leqslant\frac{3}{2}\mathrm{OPT}$。

本章共讨论了八类特殊的SRRM 问题, 其中七类问题可以获得最优解, 一类问题可以获得 3/2 近似最优解。表 4.2 总结了这八类 SRRM 问题。

表 4.2 八类特殊的 SRRM 问题

相关的结论	特殊问题需满足的条件	算法	算法的复杂度	求解的结果
定理 4.2	$\lvert s_{[j]}(\upsilon)+\Delta_{[j]}(\upsilon)>C_{[j-1]}(\upsilon)+\Delta_{[j-1]}(\upsilon)\rvert=1, j=1,\cdots,n_{\rm O}$	KbA	伪多项式时间	最优
定理 4.3	σ 中无机器空闲时间	SIH	多项式时间	最优
推论 4.1	$s_{[j]}(\upsilon)\geqslant r_{[j]}, j=1,\cdots,n_{\rm O}$	SIH	多项式时间	最优
推论 4.2	$\Delta_j\geqslant\max\{p_i\mid i\in J_{\rm R}\}$，$j\in J_{\rm O}$	SIH	多项式时间	最优
命题 4.1	$p_j=p, j\in J_{\rm O}$	SIH	多项式时间	最优
命题 4.2	$I_{[1]}+\Delta_{[1]}(\upsilon)\geqslant\sum_{i\in J_{\rm R}}p_i$	SIH	多项式时间	最优
命题 4.3	$I_{[j]}+\Delta_{[j]}(\upsilon)<\min\{p_i\mid i\in J_{\rm R}\}$，$[j]\in J_{\rm O}$	SIH	多项式时间	最优
定理 4.4	$I(\upsilon)+\Delta_{[n_{\rm O}]}<\sum_{i\in J_{\rm R}}p_i$	SIH	多项式时间	3/2 近似最优

4.2.6 一般 SRRM 问题的分支定界算法

分支定界（BB）算法的策略如下：一旦有增加返工工件或者现已考察返工工件的新组合出现，就要通过计算该节点的下界获得一个待分支节点的清单。每一个节点即一个部分调度，根节点为初始调度。算法的目的是寻找返工工件之间的顺序以及它们插入初始调度中的位置。在一个新的节点产生前，先通过一系列支配性质进行检验，并计算一个下界和一个上界。如果下界大于等于一个已知的下界，则删除该支，不产生新节点。如果下界等于当前上界，则获得最优解。

4.2.6.1 上界

在每一个节点处都用 SIH 算法求上界。根据定理 4.3，如果在初始的重调度解中最后一个返工工件前没有机器空闲时间，则获得最优重调度 σ^*。

4.2.6.2　下界

删除初始调度中所有的机器空闲时间相当于松弛了 SRRM 模型中的约束条件(4.3)。根据定理4.3可知, SIH算法能够获得松弛后的SRRM问题的最优解, 所以可以获得 SRRM 问题的一个下界。

4.2.6.3　分支定界策略

在 BB 算法中, 初始调度的产生与文献[116]的方法类似。根据性质 4.3 和性质 4.4, 需要产生返工工件的全排列清单, 将一个新的返工工件插入最后一个返工工件之后且序号尽可能小的初始工件之前, 则产生一个待增补的节点。待增补的节点通过性质 4.6 和性质 4.7 决定是否删除。性质 4.1 和性质 4.2 作为支配性质, 且所有调度均为积极调度。

实例 I 详细说明了 BB 算法, 表 4.3 为初始工件和返工工件的数据。图 4.8 为实例 I 具体的分支定界过程。

实例 I： $J_{\mathrm{O}}=\{1,\cdots,8\}$, $J_{\mathrm{R}}=\{9,\cdots,12\}$ ； $K=20$, $\upsilon=\{1,2,3,4,5,6,7,8\}$ 。

表 4.3　实例 I 中工件的数据

i	1	2	3	4	5	6	7	8	9	10	11	12
p_i	9	12	12	9	10	10	19	20	1	2	3	6
r_i	0	0	1	38	38	38	69	69	0	0	0	0

4.2.7　数值试验

本节通过大量数值试验来评估提出的 SIH 算法和 BB 算法的性能。SIH 算法和 BB 算法均用 C++编程实现, 计算机硬件性能：8GB RAM, Intel Core i7-2600 CPU, 3.4GHz。

考虑五个参数对一般 SRRM 问题的影响, 表 4.4 描述了这五个参数及它们的水平。

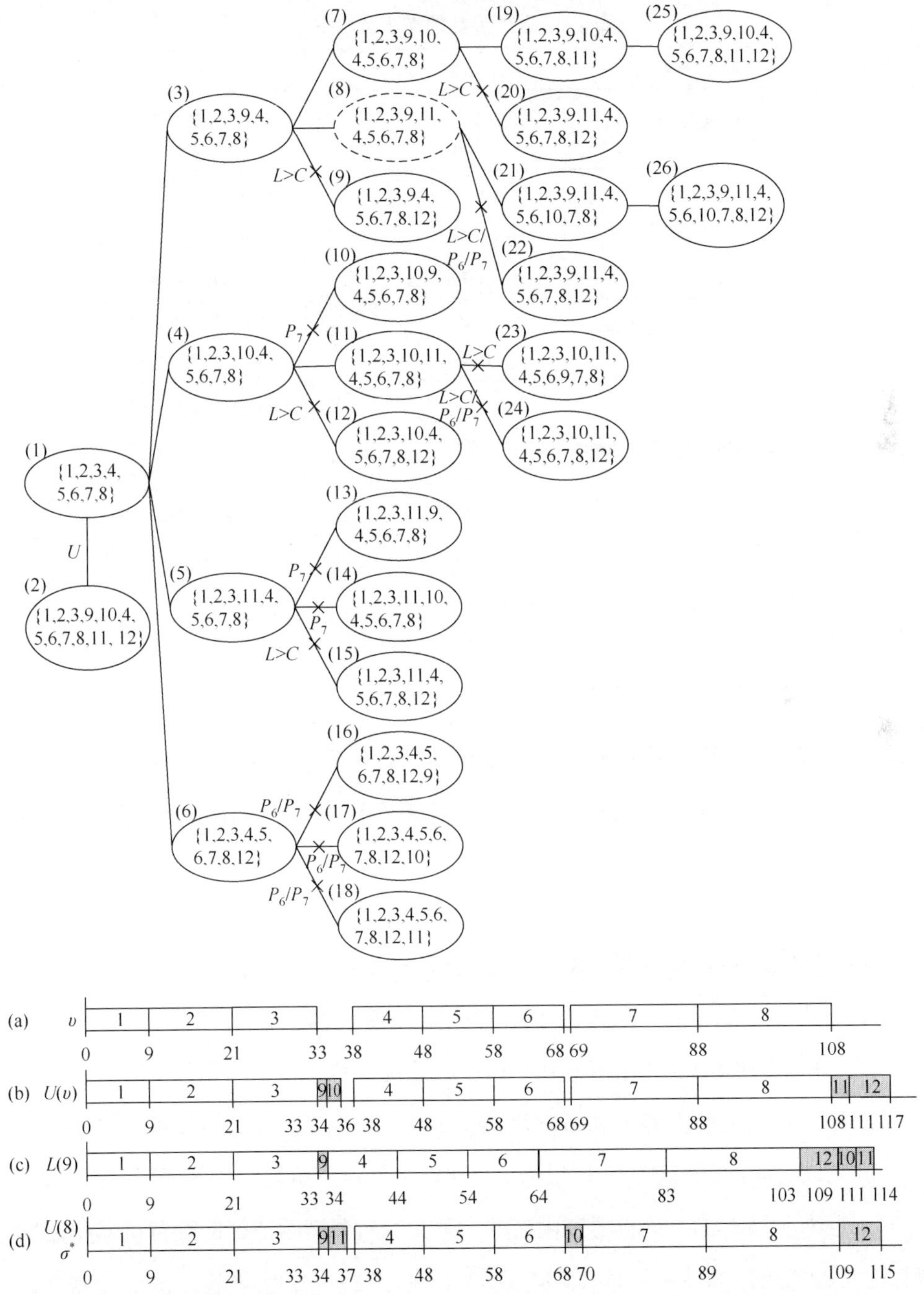

图 4.8　实例 I 的分支定界过程

当前最好解被 $U(8)$ 更新, U、L、C 和 P 分别表示上界、下界、当前最好解和性质

表 4.4 五个参数的描述及水平

参数	描述	水平	水平描述
n	问题规模, 总工件数	20	小规模
		40	较大规模
n_O	初始工件的总数	$0.25n$	较少的初始工件
		$0.5n$	初始工件和返工工件各占一半
		$0.75n$	较多的初始工件
m	$p_i(i \in J_R)$ 的大小程度	20	返工工件拥有较小的处理时间
		40	返工工件拥有较大的处理时间
FIT	υ 中空闲时间出现的频率	0.1	初始调度中有较少的机器空闲时间
		0.3	↓
		0.5	
		0.7	初始调度中有较多的机器空闲时间
μ	K 的松紧程度	0.1	初始工件可以延迟调度的时间较小
		0.3	↓
		0.5	
		0.7	初始工件可以延迟调度的时间较大

问题规模n选择 20 和 40, $n_O \in \{0.25n, 0.5n, 0.75n\}$。返工工件的处理时间在区间$[1, m]$上随机生成, 初始工件的处理时间在区间$[m, 100]$上随机生成, 其中$m \in \{20,40\}$。首先生成初始工件集合$J_O = \{1,\cdots,n_O\}$, 工件依次被命名为$1,\cdots,n_O$, 然后插入机器空闲时间段, 最终生成初始调度。空闲时间段的分布与工件处理时间的分布相同, 在区间[1, 100]随机生成, FIT 表示初始调度中机器空闲时间出现的频率, 若 FIT=0.1, $n_O = 20$, 则该例子中初始空间的机器空闲时间段为 0.1×20=2 个, 本书分别考虑$\text{FIT} \in \{0.1, 0.3, 0.5, 0.7\}$的情况。第$j$个初始工件的释放时间按如下方法确定：当前机器可利用时间（CAM）是一个变量, 它等于第$j-1$个初始工件的完成时间, 初始值为 0, 如果第j个初始工件前有机器空闲时间, 则它的释放时间就等于 CAM 加上该机器空闲时间；如果第j个初始工件前没有机器空闲时间, 则它的释放时间就在区间$[\text{CAM}, \text{CAM}(j+1)\div(j+3)]$上随机生成一个整数。按照如上的方法逐一确定初始工件的释放时间。至此就得到了一个初始调度。K的值通过初始调度中初始工件的最大等待时间和参数$\mu \in \{0.1, 0.3, 0.5, 0.7\}$乘以

初始调度中初始工件的完成时间和来确定, 其中 μ 模拟一个最大等待加工时间约束的松紧程度, $K = \max\{\max(w_i(\upsilon) \mid i \in J_O),\ \mu \times n_O \times (\max(C_i(\upsilon) \mid i \in J_O) + \min(C_i(\upsilon) \mid i \in J_O)) \div 2\}$, 五种参数的各种水平产生 $2\times3\times2\times4\times4$=192 种组合, 每种组合生成 10 个算例, 则共产生 1920 个算例来测试算法。

算例的最优解通过 BB 算法获得。BB 算法停止的时间条件设为 90 000s, 因此在可容忍的时间里共获得 1438 个算例解, 其中 $n=20$ 的算例的所有解均被得到, 而 $n=40$ 的算例获得了 49.8%的解。根据 BB 算法结果知, 工件总数确定的情况下, 返工工件占比情况对 BB 算法的执行效果影响较大, 返工工件占比越多, BB 算法计算的时间越长, 而返工工件处理时间的长短、初始调度中机器空闲出现的频率以及最大等待时间约束的松紧程度对 BB 算法的执行效果影响较小。

根据 1438 个算例的最优解来评估 SIH 算法性能。NO 和 CNO 分别表示 BB 算法和 SIH 算法获得最优解的算例数, RCNO=CNO/NO×100%。z_i^{SIH} 和 z_i^{BB} 分别表示 SIH 算法和 BB 算法获得的解, 解的相对误差为 $E_i = (z_i^{\text{SIH}} - z_i^{\text{BB}})/z_i^{\text{BB}}$, $i = 1,\cdots,N$, 平均相对误差为 $\text{AE} = \sum_{i=1}^{N} E/N$, E_i 的标准偏差为 $\text{SD} = \sqrt{1/N \sum_{i=1}^{N}(E_i - \bar{E})^2}$, 其中 $\bar{E} = \sum_{i=1}^{N} E_i/N$, N 为所考察算例集合的算例总数。

SIH 算法求解 SRRM 问题非常快, 甚至当工件总数达到 1000 时, 求解时间才在 2s 左右, 所以不讨论 SIH 算法的求解时间。应用 SIH 算法求解能获得 1438 个算例的最优解, 应用 BB 算法求解能获得 1364 个算例的最优解, 它们的平均相对误差为 0.000 871, 标准偏差为 0.013 056。表 4.5～表 4.9 分析了每一个参数对 SIH 算法执行性能的影响。

从表 4.5 和表 4.6 可以看出, 当问题规模较大且返工工件的处理时间较长时 SIH 算法的求解效果较好。

表 4.5　*n* 对 SIH 算法执行性能的影响

n	NO	CNO	RCNO/%	AE	SD
20	960	905	94.27	0.001 257	0.015 963
40	478	459	96.03	0.000 095	0.000 531

表 4.6 m 对 SIH 算法执行性能的影响

m	NO	CNO	RCNO/%	AE	SD
20	685	650	94.89	0.000 706	0.007 408
40	753	714	94.44	0.001 021	0.016 606

表 4.7 说明随着返工工件占工件总数比例的增大, RCNO 逐渐减小。SIH 算法的执行效果随着返工工件的增加而变差, 原因是越多的返工工件会产生更多的组合情况, 导致 SIH 算法执行效果变差。

表 4.7 n_R 占工件总数比例对 SIH 算法执行性能的影响

n_R	NO	CNO	RCNO/%	AE	SD
$0.25n$	640	632	98.59	0.000 549	0.008 348
$0.5n$	427	407	95.20	0.001 177	0.019 911
$0.75n$	371	325	87.60	0.001 075	0.009 211

表 4.8 的结果显示初始工件中空闲时间出现的频率对 SIH 算法的影响较小。

表 4.8 FIT 对 SIH 算法执行性能的影响

FIT	NO	CNO	RCNO/%	AE	SD
0.1	371	363	97.84	0.000 042	0.000 307
0.3	355	336	94.65	0.001 855	0.023 659
0.5	360	333	92.50	0.000 563	0.003 230
0.7	352	332	94.32	0.001 675	0.109 854

表 4.9 显示 μ 等于 0.3 和 0.7 仅有一个算例不能够获得最优解, μ 等于 0.5 时的算例 100%获得最优解。较大的 μ 对应较大的 K, 说明初始工件的开始时间可延迟的时间较长, 更多的返工工件可插入初始调度中进行调度, 所以几乎所有的算例都满足定理 4.3 的条件, 即如果获得的重调度 σ 中最后一个返工工件前没有机器空闲时间, 则 σ 是最优的。

表 4.9 μ 对 SIH 算法执行性能的影响

μ	NO	CNO	RCNO/%	AE	SD
0.1	396	324	81.82	0.002 700	0.023 219
0.3	346	345	99.71	0.000 029	0.000 547
0.5	338	338	100.00	0	0
0.7	358	357	99.72	0.000 484	0.009 165

总体来看, BB 算法仅能解决小规模的 SRRM 问题, 而从 SIH 算法的求解性能来看, SIH 算法是求解大规模的 SRRM 问题近优解较好的方法。

4.3 SRRT 问题

在单机环境下, 一组带有不同释放时间且加工过程不可中断的初始工件, 已经按照某优化目标获得了初始调度（初始调度可以不是最优调度）, 此时, 一组新到的加工过程不可中断, 但释放时间为 0 的返工工件, 需要插入初始调度进行加工, 但要受到初始工件具有平行链优先约束的限制, 且初始工件等待加工的最大限度为 K , 优化目标是最小化所有工件的等待时间和。

4.3.1 SRRT 问题描述

针对 SRRT 问题, 根据决策变量设置的不同, 建立了两类混合整数规划模型。

4.3.1.1 第一类混合整数规划模型

x_{il} 、γ_l 和 s_i 为决策变量。如果工件 i 在位置 l 上被加工, 则 x_{il} 等于 1, 否则等于 0。γ_l 表示位置 l 上工件的开始时间。s_i 表示工件 i 的开始时间。

$$\min \sum_{i=1}^{n} w_i \tag{4.6}$$

s.t.

$$\sum_{i=1}^{n} x_{il} = 1, \quad l = 1,\cdots,n \tag{4.7}$$

$$\sum_{i=1}^{n} x_{il} = 1, \quad i = 1,\cdots,n \tag{4.8}$$

$$\gamma_l \geqslant \gamma_{l-1} + \sum_{i=1}^{n} p_i x_{i(l-1)}, \quad l = 2,\cdots,n \tag{4.9}$$

$$\gamma_l \geqslant \sum_{i=1}^{n} r_i x_{i(l)}, \quad l=2,\cdots,n \tag{4.10}$$

$$s_i \geqslant \gamma_l - M(1-x_{il}), \quad i=1,\cdots,n, l=1,\cdots,n \tag{4.11}$$

$$s_i \leqslant \gamma_l + M(1-x_{il}), \quad i=1,\cdots,n,\ l=1,\cdots,n \tag{4.12}$$

$$s_i \geqslant 0, \quad i=1,\cdots,n \tag{4.13}$$

$$w_i = s_i - r_i, \quad i=1,\cdots,n \tag{4.14}$$

$$w_i \leqslant K, \quad i=1,\cdots,n_{\rm O} \tag{4.15}$$

$$s_i + p_i \leqslant s_{i+1}, \quad i=1,\cdots,n_{\rm O}-1 \tag{4.16}$$

$$s_i(\sigma) \geqslant s_i(\upsilon), \quad i=1,\cdots,n_{\rm O} \tag{4.17}$$

$$\gamma_l \geqslant 0, \quad l=1,\cdots,n \tag{4.18}$$

$$x_{il} \in \{0,1\}, \quad i=1,\cdots,n,\ l=1,\cdots,n \tag{4.19}$$

其中，式（4.6）为目标函数，即最小化重调度中所有工件的等待时间和；式（4.7）和式（4.8）确保一个工件只能在一个位置上被加工，一个位置上同时只能加工一个工件；式（4.9）说明只有前一个位置上的工件加工完成才能开始加工下一个该位置上的工件；式（4.10）说明在位置 l 上加工的工件必须在该工件被释放之后才可以开始加工；式（4.11）和式（4.12）说明了三个决策变量之间的关系；式（4.13）为非负约束；式（4.14）定义了工件的等待时间；式（4.15）说明了由于工艺要求初始工件等待加工的时间受限；式（4.16）和式（4.17）保证了重调度时，初始工件的相对顺序与初始调度中相同；式（4.18）和式（4.19）分别为非负和整数约束。

4.3.1.2　第二类混合整数规划模型

x_{ij} 和 s_i 为决策变量。如果工件 i 在工件 j 之前被加工，则 x_{ij} 等于 1，否则等于 0。s_i 表示工件 i 的开始时间。

$$\min \sum_{i=1}^{n} w_i(\sigma) \tag{4.20}$$

s.t.

$$x_{ij} + x_{ji} = 1, \quad i,j \in J,\ i<j \tag{4.21}$$

$$x_{ij} + x_{jk} + x_{ki} \leqslant 2, \quad i,j,k \in J, i \neq j \neq k \tag{4.22}$$

$$s_j(\sigma) \geqslant s_i(\upsilon)x_{ij} + \sum_{k<i,k\neq j} p_k(x_{ik}+x_{kj}-1) + \sum_{k\geqslant i,k\neq j} p_k x_{kj}, \quad i,j \in J \tag{4.23}$$

$$x_{ij}=1, \quad i,j \in J_{\mathrm{O}},\ i<j \tag{4.24}$$

$$w_j(\sigma) \leqslant k, \quad j \in J_{\mathrm{O}} \tag{4.25}$$

$$w_j(\sigma)=s_j(\sigma)-r_j, \quad j \in J \tag{4.26}$$

$$s_j(\sigma) \geqslant s_j(\upsilon), \quad j \in J_{\mathrm{O}} \tag{4.27}$$

$$x_{ij} \in \{0,1\}, \quad i,j \in J \tag{4.28}$$

其中，式(4.20)为目标函数，即最小化重调度中所有工件的等待时间和；式(4.21)为矛盾约束，即工件 i 在工件 j 之前加工，或者工件 j 在工件 i 之前加工；式(4.22)说明了一个传递约束，确保了三个工件之间的线性顺序关系；式（4.23）体现了工件的释放时间约束；式（4.24）保证了在重调度时，初始工件的相对顺序与初始调度中相同；式(4.25)说明了由于工艺要求初始工件等待加工的时间受限；式(4.26)定义了工件等待加工的时间；式（4.27）表示初始工件在重调度中的开始时间不小于在初始调度中的开始时间；式（4.28）为整数约束。

4.3.2 SRRT 问题复杂度分析

定理 4.5 SRRT 问题为 NP 难问题。

证明 SRRT 问题可归约为 2.1.2 小节中经典的奇偶分割问题。

如果奇偶分割问题实例存在一个解，则令 $\delta_1,\cdots,\delta_t$ 表示如下一个划分：如果 $2i-1 \in S_1$，则 $\delta_i=0$；如果 $2i \in S_1$，则 $\delta_i=1$，$i=1,\cdots,t$。即 $\sum_{i=1}^{t} a_{2i-1}(1-\delta_i)+\sum_{i=1}^{t} a_{2i}\delta_i=\sum_{i=1}^{t} a_{2i-1}\delta_i+\sum_{i=1}^{t} a_{2i}(1-\delta_i)$。

考虑下面 SRRT 问题的实例。

$n_{\mathrm{O}}=8t;\ n_{\mathrm{R}}=2t$。

初始工件：

$$p_i=\begin{cases}2B^{\lceil i/2 \rceil}+2a_i, & i=1,\cdots,2t\\ 2B^t, & i=2t+1,\cdots,8t\end{cases}$$

$$r_i=\begin{cases}\sum_{j=0}^{i-1}(2B^{\lceil j/2 \rceil}+2a_j)+\sum_{j=8t}^{i+8t-1}(B^{\lceil (j-8t)/2 \rceil}+a_{j-8t}), & i=1,\cdots,2t\\ (i-1)B^t+\sum_{j=1}^{t}[24(t-j)+15]B^j+\sum_{j=1}^{2t}(12t-6j)a_j+9A, & i=2t+1,\cdots,8t\end{cases}$$

返工工件：

$$p_i = B^{\lceil (i-8t)/2 \rceil} + a_{i-8t}\ ,\quad i = 8t+1,\cdots,10t$$

$$B = tA^3,\quad K = 0$$

$$g(\upsilon) = \sum_{i=1}^{8t} w_i(\upsilon),\quad i = 1,\cdots,8t,\quad \upsilon = \{j_1, j_2, \cdots, j_{8t}\}$$

$$D = \sum_{j=1}^{t}[(60t-24j)+11]B^j + (16t^2-3t)B^t + \sum_{j=1}^{2t}(30t-9j)a_j + 5A$$

$$\sum_{j=1}^{10t} w_j(\sigma) \leqslant D$$

只需证明当且仅当奇偶分割问题有解时，该 SRRT 问题实例也存在一个可行的重调度解 σ 使 $\sum_{j=1}^{10t} w_j(\sigma) \leqslant D$ 成立。

充分性：根据 SRRT 问题实例，有 $r_1 = 0$；$p_1 = 2B + 2a_1$，$r_2 = 2B + 2a_1 + B + a_1$；$p_2 = 2B + 2a_2$，…，$r_{2t} = \sum_{j=0}^{2t-1}(2B^{\lceil j/2 \rceil} + 2a_j) + \sum_{j=8t}^{10t-1}(B^{\lceil (j-8t)/2 \rceil} + a_{j-8t})$；$p_{2t} = 2B^t + 2a_{2t}$，$r_{2t+1} = \sum_{j=1}^{t}[24(t-j)+15]B^j + \sum_{j=1}^{2t}(12t-6j)a_j + 9A$；$p_{2t+1} = 2B^t$，…，$p_{8t} = 2B^t$，$r_{8t} = (8t-1)B^t + \sum_{j=1}^{t}[24(t-j)+15]B^j + \sum_{j=1}^{2t}(12t-6j)a_j + 9A$。

在所有初始工件均在释放时间就开始加工的最优初始调度中，存在$2t$ 个机器空闲时间，分别为$[2B+2a_1, 2B+2a_1+B+a_1]$，…，$\left[2B^t + 2a_{2t}, \sum_{j=1}^{t}[24(t-j)+15]\ B^j + \sum_{j=1}^{2t}(12t-6j)a_j + 9A\right]$。

$2t$ 个释放时间为 0 的返工工件的处理时间分别为 $p_{8t+1} = B + a_1$，$p_{8t+2} = B + a_2$，…，$p_{10t} = B^t + a_{2t}$。在重调度时，任何一个初始工件的开始时间保持不变而且每一个初始工件均在奇数位置上被调度，而$2t$ 个返工工件在每一个初始工件之后的空闲时间，即偶数位置被调度。则前四个工件的等待时间和为

$$\begin{aligned}&(2B+2a_1)+(3B+3a_1)+(5B+3a_1+2a_2)+(6B+3a_1+3a_2)\\&=16B+11a_1+5a_2\\&=16B+21a_1/2+11a_2/2+(a_1-a_2)/2\end{aligned}\tag{4.29}$$

类似地，所有工件的等待时间和 $\sum_{i=1}^{10t} w_i(\sigma)$ 为

$$\sum_{j=1}^{t}[(60t-24j)+11]B^j + (16t^2-3t)B^t + \sum_{j=1}^{2t}(30t-9j+5/2)a_j + \sum_{i\in S_1} a_i/2 - \sum_{i\in S_2} a_i/2\tag{4.30}$$

因为奇偶分割问题存在解，所以 $\sum_{i\in S_1} a_i = \sum_{i\in S_2} a_i = A$，可得到问题实例的可行解 σ 使 $\sum_{j=1}^{10t} w_j(\sigma) = D$ 成立。

必要性：考虑一个可行重调度σ使$K=0$且$\sum_{j=1}^{10t}w_j(\sigma)=D$。在重调度中，每一个初始工件在奇数位置被调度，而且它们的开始时间保持与初始调度中相同。所有的返工工件应该被插入到机器空闲时间或者最后一个初始工件之后进行调度。如果存在一个返工工件在最后一个初始工件之后被调度，则类似于式（4.29）和式（4.30）的计算可知，$\sum_{j=1}^{10t}w_j(\sigma)$一定大于$D$，因此在重调度$\sigma$中，所有返工工件都被插入到机器空闲时间，并在偶数位置上被调度，且没有机器空闲时间。经过计算：

$$\begin{aligned}&\sum_{j=1}^{10t}w_j(\sigma)\\&=\sum_{j=1}^{t}[(60t-24j)+11]B^j+(16t^2-3t)B^t+\sum_{j=1}^{2t}(30t-9j)a_j+5/2\sum_{j=1}^{2t}a_j\\&\quad+\sum_{i\in S_1}a_i/2-\sum_{i\in S_2}a_i/2\\&=D=\sum_{j=1}^{t}[(60t-24j)+15]B^j+(16t^2-3t)B^t+\sum_{j=1}^{2t}(30t-9j)a_j+5A\end{aligned}$$

使$\sum_{i\in S_1}a_i=\sum_{i\in S_2}a_i=A$成立，因此奇偶分割问题有解。

4.3.3　SRRT 问题的最优解性质

本小节提出了SRRT问题的最优解性质，并进行了证明。早在1956年文献[10]中就证明了SPT规则可以获得$1|\cdot|\sum C_i$问题的最优解，该规则也对解决本章问题十分重要。

在一个度ω中（其中ω可以包含返工工件，即部分重调度），工件$[i]$的最大可延迟时间定义为

$$\bar{\Delta}_{[i]}(\omega)=\min_{i\in J}\{\Delta_{[i]},I_{[i+1]}+\bar{\Delta}_{[i+1]}(\omega)\}$$

式中，$\Delta_{[j]}=K-\{s_{[j]}(\upsilon)-r_{[j]}\},[j]\in J_{\rm O}$，$\Delta_{[j]}=\infty,[j]\in J_{\rm R}$；$I_{[i+1]}$表示在工件$[i+1]$之前的机器空闲时间的长度。

性质 4.11　当且仅当$p_j\leqslant I_{[i]}+\bar{\Delta}_{[i]}(\omega),j\in J_{\rm R},[i]\in J$时，将工件$j$插入调度$\omega$中的工件$[i]$之前才能得到一个可行的调度$\omega'$。

证明　充分性：在一个活跃调度ω中，$p_j\leqslant I_{[i]}+\bar{\Delta}_{[i]}(\omega),j\in J_{\rm R},[i]\in J$说明，在包含工件$[i]$之后的所有工件中，工件的可延迟时间与该工件前面的空闲时间和都

不小于工件的处理时间 $p_j, j \in J_R$，所以将工件 j 插入调度 ω 中的工件 $[i]$ 之前可以满足约束条件, 即得到一个可行的调度 ω'。

必要性: 如果一个可行的调度 ω' 是通过将工件 j 插入到调度 ω 中的工件 $[i]$ 之前而得到的, 则说明调度 ω' 满足 $w_l(\omega') \leqslant K, l \in J_O$。即在初始调度 ω 中, 包含工件 $[i]$ 之后的每一个返工工件之前的机器空闲时间与它的可延迟时间和, 一定不小于工件 j 的处理时间 $p_j, j \in J_R$，故得到 $p_j \leqslant I_{[i]} + \bar{\Delta}_{[i]}(\omega), j \in J_R, [i] \in J$。

性质 4.12　在每一个最优的重调度中, 如果一个初始工件后面紧跟着一个返工工件调度, 则该返工工件的处理时间一定大于该初始工件的可延迟时间与它前面的空闲时间和。

证明　反证法: 假设在最优重调度 σ^* 中, 有一个返工工件 d 紧接着一个初始工件 b 被调度, 而且 $p_d \leqslant \bar{\Delta}_b(\sigma^*) + I_b$。则将工件 b 和 d 调换位置可以得到一个新的满足约束条件 $w_b(\sigma') \leqslant K$ 的可行重调度 σ'。

其中 $\sum_{j=1}^{n} w_j(\sigma') = \sum_{j=1}^{n} w_j(\sigma^*) + p_d - p_b$。根据问题假设 $p_{\max}^{R} \leqslant p_{\min}^{O}$，可得 $\sum_{j=1}^{n} w_j(\sigma') \leqslant \sum_{j=1}^{n} w_j(\sigma^*)$，与 σ^* 为最优重调度矛盾, 问题证。

根据性质 4.12 可知, 在最优调度中如果不改变返工工件之间的顺序, 则任何一个返工工件都不可能提前调度, 因此, 很容易得到下面的性质 4.13。

性质 4.13　如果返工工件之间的顺序已经确定, 则将返工工件尽可能早地插入到初始调度中进行调度, 即可得到一个最优重调度。

证明　根据性质 4.12 显然可得证。

性质 4.14　在每一个最优调度中, 每一个连续的返工工件序列一定满足处理时间的非降序排列。

证明　反证法: 假设一个最优调度 σ^* 中有一个连续的返工工件序列中存在工件 $[a+1]$ 和 $[a]$ 满足 $p_{[a+1]} < p_{[a]}$，那么其他所有工件顺序保持不变只交换 $[a+1]$ 和 $[a]$，可得到另一个可行调度 σ'。在 σ' 中, 工件 $[a+1]$ 的等待时间减少了 $p_{[a]}$，而工件 $[a]$ 的等待时间增加了 $p_{[a+1]}$，其他工件等待时间不变, 目标函数值:

$$\sum_{j=1}^{n} w_j(\sigma') = \sum_{j=1}^{n} w_j(\sigma^*) + p_{[a+1]} - p_{[a]}$$

因为 $p_{[a+1]} < p_{[a]}$，所以 $\sum_{j=1}^{n} w_j(\sigma') \leqslant \sum_{j=1}^{n} w_j(\sigma^*)$，与 σ^* 是最优调度矛盾，问题得证。

性质 4.15 在每一个最优重调度中，任一机器空闲时间一定出现在返工工件之前，而且在最后一个返工工件前的任一机器空闲时间一定小于该空闲时间之后调度的任一返工工件的处理时间，即 $0 \leqslant r_{[i]} - C_{[i-1]} < p_{[j]}, i+1 \leqslant j \leqslant n, [j] \in J_{\mathrm{R}}$。

证明 由于初始工件有不同的释放时间，机器空闲时间只可能出现在初始工件前，而不会出现在释放时间为 0 的返工工件前。而且只有当初始工件的释放时间大于当前机器可用时间时才会出现机器空闲时间。另外，假设在一个最优调度 σ^* 中，在一个返工工件之前，某一个初始工件前的机器空闲时间不小于该返工工件的处理时间，则将该返工工件移到该空闲时间进行调度，其他工件顺序不变，可得到另一个可行调度 σ'。在 σ' 中被提前的返工工件的等待时间减小，其他工件的等待时间保持不变，因此 $\sum_{j=1}^{n} w_j(\sigma') < \sum_{j=1}^{n} w_j(\sigma^*)$，这与 σ^* 为最优调度矛盾。

性质 4.16 在初始调度没有机器空闲时间的 SRRT 问题中，存在一个初始工件之间的顺序与初始调度中相同，返工工件之间的顺序符合 SPT 顺序，而且没有机器空闲时间的最优重调度。

证明 问题模型中要求保持初始工件之间的顺序与初始调度中相同，因此，重调度时只需考虑返工工件之间的顺序。假设存在一个最优调度 σ^*，返工工件之间的顺序不符合 SPT 顺序。在 σ^* 中，$i \in J_{\mathrm{R}}$ 为处理时间最小的返工工件且已在一些返工工件之后调度，$j \in J_{\mathrm{R}}$ 为工件 i 之前最后一个被调度的返工工件，$p_j > p_i$。交换工件 i 和 j 可得到一个可行调度 σ'，目标函数 $w_j(\sigma') = w_i(\sigma^*) - p_j + p_i \leqslant w_i(\sigma^*)$，而且在工件 i 和 j 之间初始工件的等待时间与在重调度 σ^* 中相比，均提前 $p_j - p_i$ 个单位。以此类推，目标函数总等待时间不会增加，即只要将调度时间较早且处理时间较长的返工工件，与调度时间较晚且处理时间较短的返工工件交换，它们之间所有初始工件的等待时间一定不大于在 σ^* 中的等待时间，因此 σ' 是可行的且优于 σ^*，则 σ^* 不是最优调度。经过一定数量类似的交换使得返工工件之间的顺序符合 SPT 顺序，便可以获得一个最优调度。同时初始工件之间顺序保持不变，而且初始调度中没有机器空闲时间，说明插入返工工件之后的最优调度中也没有机器空闲时间。

4.3.4 一个特殊的 SRRT 问题的伪多项式算法

本小节讨论满足条件 $\bar{\Delta}_{[i]}(\upsilon)-I_{[i+1]}\geqslant\bar{\Delta}_{[n_\mathrm{O}]},i=1,\cdots,n_\mathrm{O}-1$ 的一个特殊SRRT问题，开发一个伪多项式算法能获得该特殊问题的最优解。

如果 SRRT 问题能够满足 $\bar{\Delta}_{[i]}(\upsilon)-I_{[i+1]}\geqslant\bar{\Delta}_{[n_\mathrm{O}]},i=1,\cdots,n_\mathrm{O}-1$，则说明在初始调度中，在保持初始工件之间顺序不变的情况下，如果将初始工件延迟到满足约束条件的最晚开始加工时间，则可以得到仅含有一个机器空闲时间的调度。根据性质4.13和性质4.14，要想获得该特殊问题的最优调度，就要决定选择哪些返工工件按照 SPT 规则插入该空闲时间调度，哪些返工工件被放到最后一个初始工件之后按照 SPT 规则进行调度。下面的动态规划算法 A 可以获得该特殊问题的最优调度。

算法 A 具体如下。

输入：给定 p_i（$i\in J_\mathrm{O}$）、p_j（$j\in J_\mathrm{R}$）、K 和初始调度 υ。

预处理：计算 $I=s_{[1]}(\upsilon)+\bar{\Delta}_{[1]}(\upsilon)$。

状态变量 u_t：候选返工工件集 J_R、剩余的机器空闲时间 I 和重调度 σ。

决策变量 x_t：在满足初始工件最大等待时间的条件下，决定将返工工件 j 按 SPT 规则插入到第一个初始工件前的返工工件块（返工工件块表示一个连续调度的返工工件集），或者放在最后一个初始工件之后的返工工件块进行调度。

状态转移：$\begin{cases}J_\mathrm{R}=J_\mathrm{R}\setminus j,I=I-p_j,\text{插入工件}j\text{后替换}\sigma,\text{如果}I\geqslant p_j\\J_\mathrm{R}=J_\mathrm{R}\setminus j,I=I,\text{插入工件}j\text{后替换}\sigma,\text{如果 }I<p_i\end{cases}$。

边界条件 $f(u_0)$：$\sigma=\upsilon$，初始调度 υ 中所有初始工件的等待时间和。

值函数 $f(u_t)$：插入工件 j 之后的调度 σ 中，所有工件的等待时间和。

递推方程式：$f(u_t)=\min\{f(u_{t-1})+\delta(u_{t-1},\ x_{t-1})\}$，其中由于决策 x_{t-1} 由状态 u_{t-1} 到状态 u_t，目标函数值所有工件的等待时间和增加 $\delta(u_{t-1},\ x_{t-1})$。

算法 A 的时间复杂度为 $O(n_{\mathrm{R}}^2 \log n_{\mathrm{R}} I)$。由于该算法的时间复杂度依赖于空闲时间 I 的尺寸，所以算法 A 实际上是一个伪多项式时间算法。

基于以上的动态规划算法，显然可以得到如下推论。

推论 4.3　算法 A 可以在伪多项式时间内得到满足条件为 $\bar{\Delta}_{[i]}(\upsilon) - I_{[i+1]} \geqslant \bar{\Delta}_{[n_{\mathrm{O}}]}$，$i = 1, \cdots, n_{\mathrm{O}} - 1$ 的特殊 SRRT 问题的最优重调度。

4.3.5　一般 SRRT 问题的启发式算法

根据提出的性质 4.11、性质 4.13～性质 4.15，本小节针对一般的 SRRT 问题开发了一个启发式算法，称为算法 B。证明了该启发式算法能够获得四类特殊 SRRT 问题的最优解。

算法 B 具体如下。

输入：给定 p_i（$i \in J_{\mathrm{O}}$）、p_j（$j \in J_{\mathrm{R}}$）、K 和初始调度 υ。

排序：将 J_{R} 中的返工工件按照 SPT 规则排序。

循环过程：$\omega_0 = \upsilon$，B_0 是 ω_0 中的第一个初始工件块。I_{B_0} 表示 B_0 之前的机器空闲时间，$j = 1$。

在 ω_j 中，计算最后一个初始工件 $h = \arg\max\{w_i \mid i \in B_{j-1}\}$、第一个初始工件块 B_j 中工件的最大等待时间 $\max\{w_i \mid i \in B_j\}$、$B_j$ 之前的机器空闲时间 I_{B_j} 和 B_j 之后的机器空闲时间 I_{B_j+1}。

在返工工件集 J_{R} 中选择前 t 个返工工件插入到 ω_j 的 B_j 之前进行调度，其中满足 $\sum_{i=1}^{t} p_{[i]} \leqslant I_{B_j} + \min\{K - \max\{w_i \mid i \in B_j\}, I_{B_j+1}\}$ 和 $\sum_{i=1}^{t+1} p_{[i]} > I_{B_j} + \min\{K - \max\{w_i \mid i \in B_j\}, I_{B_j+1}\}$，$j = j+1$，得到 ω_j，删除候选集 J_{R} 中前 t 个返工工件。

如果 $J_{\mathrm{R}} = \varnothing$，则 ω_j 即获得的重调度。在 ω_j 中，如果最后一个初始工件的可延迟时间小于剩下的返工工件的最小处理时间，而且 $J_{\mathrm{R}} \neq \varnothing$，则将 J_{R} 直接放在 ω_j 之后调度便获得重调度 σ。

排序阶段的时间复杂度为 $O(n_{\mathrm{R}} \log n_{\mathrm{R}})$，循环过程的时间复杂度为 $O(2nn_{\mathrm{O}})$，所以算法 B 的时间复杂度为 $O(2nn_{\mathrm{O}} + n_{\mathrm{R}} \log n_{\mathrm{R}})$，为多项式算法。

推论 4.4　算法 B 可以获得所有返工工件具有相同处理时间的 SRRT 问题的最优解。

证明　由于返工工件具有相同的处理时间，而且它们的释放时间为 0，所以不需要考虑返工工件之间的顺序。算法 B 将所有返工工件尽可能早地插入到初始调度中，形成一个可行的重调度。根据性质 4.13，显然，算法 B 得到的可行重调度为具有相同处理时间返工工件的 SRRT 问题的最优重调度。

推论 4.5　算法 B 可以找到 4.2.4 小节的特殊问题中满足 $\sum_{j=n_R+1}^{n} p_j \leqslant I+\varepsilon$，$\varepsilon \leqslant \max\{p_j \mid j \in J_R\}$ 条件的 SRRT 问题的一个最优解。

证明　下面分两种情况进行讨论。

（1）如果 $\sum_{j=n_R+1}^{n} p_j \leqslant I$，则算法 B 能够将所有返工工件按照 SPT 的规则插入到空闲时间 I 中进行调度。

（2）如果 $I<\sum_{j=n_R+1}^{n} p_j \leqslant I+\varepsilon, \varepsilon \leqslant \max\{p_j \mid j \in J_R\}$，则根据算法 B 可知，只有处理时间最长的返工工件被安排到最后进行调度，其他返工工件均按照 SPT 规则插入到空闲时间 I 中进行调度。

无论哪种情况，获得的重调度的最优性均可以通过简单的工件交换的反证法证明。

下面的定理为算法 B 是否能够获得一般 SRRT 问题解的最优性提供了一个判定条件。

定理 4.6　如果算法 B 获得的重调度解中，最后一个返工工件前没有机器空闲时间，则该重调度即最优重调度。

证明　算法 B 获得的重调度 σ 中，最后一个返工工件前没有机器空闲时间，下面分 4 种情况，用反证法证明。

假设在 σ 中，交换工件 $[d]$ 和工件 $[d+1]$ 获得一个最优调度。

（1）工件 $[d]$ 和工件 $[d+1]$ 均为返工工件。则 σ 与 σ' 的目标函数值分别为 $\sum w_i(\sigma)=\sum w_{[j]}(\sigma)+w_{[d]}+w_{[d+1]}=\sum w_{[j]}(\sigma)+2C_{[d-1]}+p_{[d]}$，$i \in J$，$j \in J \setminus \{d, d+1\}$ 和 $\sum w_i(\sigma')=\sum w_{[j]}(\sigma)+w_{[d+1]}+w_{[d]}=\sum w_{[j]}(\sigma)+2C_{[d-1]}+p_{[d+1]}$，$i \in J$，$j \in J \setminus \{d, d+1\}$。

算法 B 是将返工工件按照 SPT 规则进行调度的，因此 $p_{[d]} \leqslant p_{[d+1]}$，所以得到 $\sum_{i\in J} w_i(\sigma) \leqslant \sum_{i\in J} w_i(\sigma')$，与 σ' 为最优调度矛盾。

（2）工件 $[d]$ 和工件 $[d+1]$ 均为初始工件。由于 SRRT 问题要求初始工件之间的顺序与初始调度中相同，所以交换工件 $[d]$ 和工件 $[d+1]$ 得到的 σ' 为不可行调度。

（3）工件 $[d]$ 为返工工件，工件 $[d+1]$ 为初始工件。根据假设条件 $p_{\max}^{\mathrm{R}} \leqslant p_{\min}^{\mathrm{O}}$ 可知，$\sum w_i(\sigma') \geqslant \sum w_{[j]}(\sigma) + 2C_{[d-1]} + p_{[d+1]}$，$p_{[d]} \leqslant p_{[d+1]}$，$i \in J$。因此 $\sum w_i(\sigma) \leqslant \sum w_i(\sigma'), i \in J$，与 σ' 为最优重调度矛盾。

（4）工件 $[d+1]$ 为返工工件，工件 $[d]$ 为初始工件。根据算法 B 可知，在 σ' 中初始工件的等待时间 $w_{[d]}(\sigma') = w_{[d]}(\sigma) + p_{[d+1]} > K$，违背约束条件，因此 σ' 为不可行调度。

综上所述，如果算法 B 获得的重调度 σ 中，最后一个返工工件前没有机器空闲时间，则该调度为最优重调度。

根据定理 4.6，下面两个推论说明了算法 B 可以获得两类特殊的 SRRT 问题的最优重调度。

推论 4.6 算法 B 可以找到初始调度中没有机器空闲的 SRRT 问题的一个最优重调度。

证明 如果初始调度中没有机器空闲时间，则算法 B 插入返工工件之后获得的重调度 σ 中也没有机器空闲时间，根据定理 4.6 显然得 σ 是最优重调度。

推论 4.7 算法 B 可以找到满足 $\Delta_j \geqslant \max\{p_i \mid i \in J_{\mathrm{R}}\}$，$j \in J_{\mathrm{O}}$ 条件 SRRT 问题的一个最优重调度。

证明 $\Delta_j \geqslant \max\{p_i \mid i \in J_{\mathrm{R}}\}$，$j \in J_{\mathrm{O}}$ 说明初始调度中所有初始工件的开始时间都能向后推迟，而且每一个初始工件允许推迟加工的时间都不小于返工工件的最大处理时间。因此，无论在初始调度中的初始工件之前是否存在着机器空闲时间，算法 B 将返工工件插入后获得的重调度中，最后一个返工工件前一定没有机器空闲时间。根据定理 4.6 可知，所得到的重调度即最优重调度。

推论 4.8　算法 B 可以找到满足 $I_{[1]}+\varDelta_{[1]}(\upsilon)\geqslant\sum_{j=n_R+1}^{n}p_j$ 条件 SRRT 问题的一个最优重调度。

证明　$I_{[1]}+\varDelta_{[1]}(\upsilon)\geqslant\sum_{j=n_R+1}^{n}p_j$ 说明所有返工工件都可以插入到第一个初始工件前进行调度。该推论通过工件互换矛盾法即可证明。

推论 4.9　算法 B 可以找到满足 $I_{[j]}+\varDelta_{[j]}(\upsilon)<\min\{p_i\,|\,i\in J_R\}$，$[j]\in J_O$ 条件 SRRT 问题的一个最优重调度。

证明　$I_{[j]}+\varDelta_{[j]}(\upsilon)<\min\{p_i\,|\,i\in J_R\}$，$[j]\in J_O$ 说明没有一个返工工件能插入到初始调度中去调度，所有返工工件只能在最后一个初始工件之后进行调度。该推论通过工件互换矛盾法即可证明。

表 4.10 汇总了算法 B 在多项式时间内求解六种特殊 SRRT 问题的最优解。

表 4.10　六种特殊的 SRRT 问题

推论	特殊问题的特征
推论 4.4	返工工件具有相同的处理时间
推论 4.5	$\bar{\varDelta}_{[i]}(\upsilon)-I_{[i+1]}\geqslant\bar{\varDelta}_{[n_O]},i=1,\cdots,n_O-1$ 且 $\sum_{j=n_R+1}^{n}p_j\leqslant I+\varepsilon,\varepsilon\leqslant\max\{p_j\,|\,j\in J_R\}$
推论 4.6	初始调度没有机器空闲时间
推论 4.7	$\varDelta_j\geqslant\max\{p_i\,|\,i\in J_R\}$，$j\in J_O$
推论 4.8	$I_{[1]}+\varDelta_{[1]}(\upsilon)\geqslant\sum_{j=n_R+1}^{n}p_j$
推论 4.9	$I_{[j]}+\varDelta_{[j]}(\upsilon)<\min\{p_i\,|\,i\in J_R\}$，$[j]\in J_O$

4.3.6　规则引导的自适应遗传算法

尽管启发式算法能够求解几类特殊的 SRRT 问题，而且也可以求解一般的 SRRT 问题，但是为了更好地解决 SRRT 问题，本节提出了一种规则引导的自适应遗传算法（rule-guided adaptive genetic algorithm, RAGA），去求解一般的 SRRT 问题。

RAGA 是在性质 4.11 和性质 4.13 的引导下，将自适应局域搜索算法与经典的遗传算法相结合，并应用局域搜索算法的局部搜索能力弥补了遗传算法具有较好的全局搜索能力，但局部搜索能力较差的缺陷。同时为了获得更好的局部搜索能力，本小节根据 SRRT 问题的特点，分别运用倒置、转移和互换三种局域搜索算子形成一个自适应的局域搜索算法。

4.3.6.1 染色体的表示方法

由于 SRRT 问题是一个排序问题，所以可将一个有效的调度序列看成一个染色体。例如，$1\ \dot{8}\ 2\ \dot{9}\ 3\ \dot{6}\ 4\ \dot{7}\ \dot{5}$ 是一个有效的染色体，其中 $J_O=\{1, 2, 3, 4\}$ 是一组初始工件，$J_R=\{5, 6, 7, 8, 9\}$ 是一组返工工件。

4.3.6.2 规则引导产生初始种群

在性质 4.11 和性质 4.13 的引导下生成的一组重调度序列产生一个初始种群。每一个重调度序列按照如下方式产生：已知初始调度序列，而且重调度时初始调度中的初始工件之间的顺序保持不变；随机生成一个返工工件的序列，先考虑该序列中第一个返工工件，拟将它插入到初始调度之前或者紧接着含有一些返工工件的部分重调度中的最后一个返工工件之后调度，等待检验；检验插入后的调度中，最后一个返工工件之后的初始工件是否满足模型中的约束条件（4.15），如果满足，则该返工工件被确定在此位置被调度，否则将该返工工件放在最后一个违背约束条件（4.15）的初始工件之后调度；然后依次确定返工工件的调度位置。图 4.9 显示了生成一个重调度序列的流程图。

例如，1 2 3 4 是一个初始调度序列，$\dot{7}\ \dot{8}\ \dot{6}\ \dot{5}\ \dot{9}$ 是随机产生的一个返工工件序列，则生成重调度序列的具体步骤如下。

首先考虑拟将工件 7 放在初始调度之前调度，即形成 $\dot{7}\ 1\ 2\ 3\ 4$；然后依次从工件 1 到工件 4 判断是否满足约束条件（4.15）；假设工件 1 和工件 2 都违背了约束条件（4.15），则确定工件 7 紧接着工件 2 被调度，即形成 $1\ 2\ \dot{7}\ 3\ 4$；接着考虑工件 8 的调度位置，首先拟将工件 8 放在工件 7 之后进行调度，即形成 $1\ 2\ \dot{7}\ \dot{8}\ 3\ 4$；然后依次检验工件 3 和工件 4 是否满足约束条件（4.15）；假设都满足约束条件

（4.15）则工件 8 的调度位置被确定，最终子调度序列$1\ 2\ \dot{7}\ \dot{8}\ 3\ 4$被确定；如此依次确定工件 6、工件 5 和工件 9 的调度位置，最终形成一个可行重调度序列，即一个染色体。

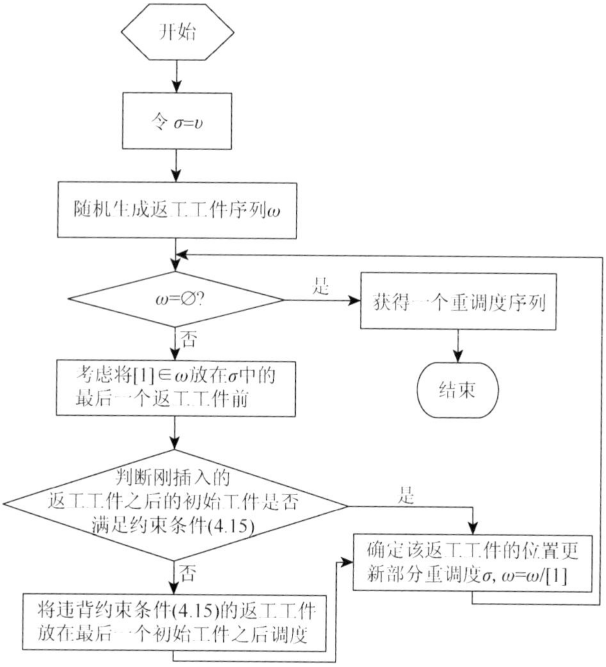

图 4.9　生成一个重调度序列的流程图

4.3.6.3　顺序交叉操作

RAGA 针对返工工件的序列实施一个双点顺序交叉的操作。图 4.10 显示了一个双点顺序交叉操作过程的实例，具体的步骤如下。

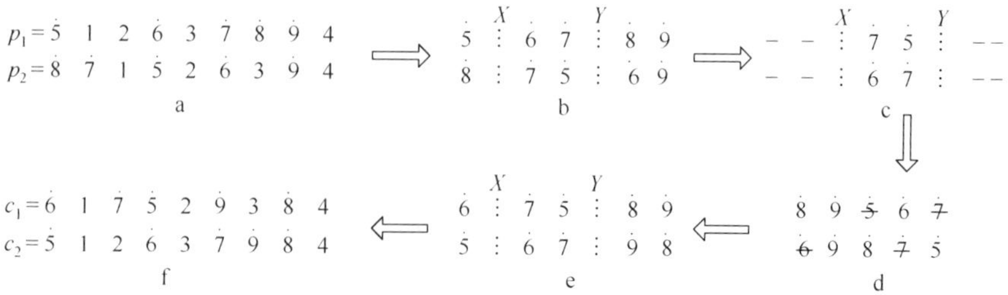

图 4.10　双点顺序交叉操作过程

a：给定两个父代染色体 $p_1=\dot{5}\,1\,2\,\dot{6}\,3\,\dot{7}\,\dot{8}\,\dot{9}\,4$ 和 $p_2=\dot{8}\,\dot{7}\,1\,\dot{5}\,2\,\dot{6}\,3\,\dot{9}\,4$。

b：列出父代中返工工件序列，并选择准备交叉的两个交叉点。

c：交换两个交叉点之间的基因，作为子代个体的部分基因。

d：从 b 中第二个交叉点的右侧开始，依次列出返工工件的基因，然后删除与 c 中已经确定的子代个体中重复的基因。

e：在 c 中子代个体的部分基因的基础上，从第二个交叉点的右侧第一个位置开始按照 d 中的顺序依次调度返工工件，形成一个子代中返工工件的序列。

f：按照 e 中返工工件的序列顺序，根据性质 4.11 和性质 4.13，将返工工件尽可能早地插入到初始调度中。最终形成两个子代个体 $c_1=\dot{6}\,1\,\dot{7}\,\dot{5}\,2\,\dot{9}\,3\,\dot{8}\,4$ 和 $c_2=\dot{5}\,1\,2\,\dot{6}\,3\,\dot{7}\,\dot{9}\,\dot{8}\,4$。

4.3.6.4　变异操作

已知一个父代个体，列出该父代中返工工件的调度序列，并随机选择两个返工工件。然后交换两个被选中的返工工件，则形成一个新的返工工件的调度序列。按照交换后的返工工件的调度序列将返工工件尽可能早地插入到初始调度中进行调度，最终形成一个新的重调度序列，即一个子代个体。图 4.11 显示了针对一个染色体的变异操作过程。

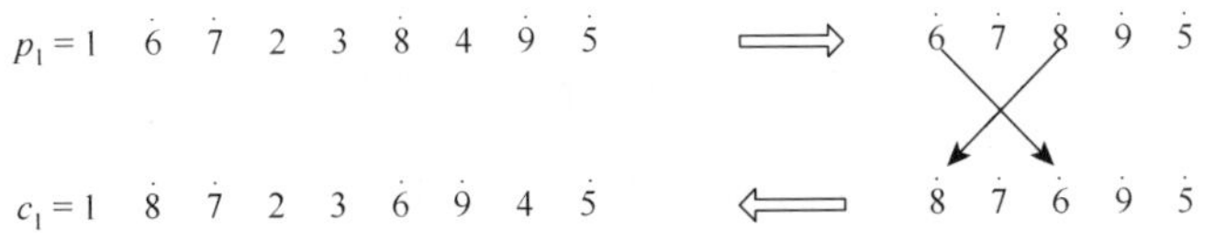

图 4.11　变异操作的过程

4.3.6.5　染色体选择操作

RAGA 采用正比选择策略，即染色体被选择的概率等于个体的适应值除以种群中所有个体适应值的和。在初始调度之后依次将所有返工工件按照处理时间降序排列进行调度，可得到一个可行的重调度序列 $\bar{\sigma}$，显然 $\sum_{j\in J}w_j(\bar{\sigma})$ 是 SRRT 问题的一个上界。染色体的适值函数为 $F(\sigma)=\sum_{j\in J}w_j(\bar{\sigma})-\sum_{j\in J}w_j(\sigma)$。种群中的

个体总数为 S，则个体 i 在种群中的适应值为 $F_i(\sigma), i=1,\cdots,S$，则个体 i 被选择的概率为 $P_i = F_i(\sigma) \Big/ \sum_{j=1}^{S} F_j(\sigma)$，$i=1,\cdots,S$。

RAGA 采用轮盘赌的方式实施选择操作。令 $PP_0 = 0$，$PP_i = \sum_{j=1}^{i} PP_j$，轮盘共旋转 S 次。每一次旋转就会产生一个随机数 $\xi_k \in U(0,1)$，则当 $PP_{i-1} \leqslant \xi_k < PP_i$ 时个体 i 被选择。

4.3.6.6 自适应局域搜索

自适应局域搜索算法采用自适应学习机制，结合了倒置、转移和互换三种局域搜索算子。在一个重调度序列中，所有返工工件已被划分成一些返工工件块，根据 SRRT 问题的特点，选择块结构作为邻域结构。在一个重调度序列中随机选取两个返工工件块，然后调整两个块之间的返工工件顺序，即生成一个新的重调度序列，进而应用局域搜索的方法找到优于当前重调度解的新重调度序列。

例如，已知存在一个重调度序列 $\dot{7}\ \dot{8}\ 1\ 2\ \dot{6}\ 3\ 4\ \dot{9}\ \dot{5}$，则显然返工工件被划分为 3 个工件块 $\dot{7}\ \dot{8}|\dot{6}|\dot{9}\ \dot{5}$。下面以此为例，分别对三种局域搜索方法进行解释。

1）倒置局域搜索

首先在重调度序列中随机选择两个返工工件块，假设块 1（$\dot{7}\ \dot{8}$）和块 3（$\dot{9}\ \dot{5}$）被选中。然后根据两个块中的返工工件数，分别随机生成两个位置号 u 和 v，其中 u 和 v 都大于等于 1，且小于等于每一个返工工件块中的返工工件数。假设随机生成的 $u=1$，$v=1$，则对块 1 中第 1 个位置的返工工件 $\dot{7}$ 和块 3 中第 1 个位置的返工工件 $\dot{9}$ 之间的返工工件（包括工件 $\dot{7}$ 和 $\dot{9}$）进行倒置操作。通过倒置获得一个新的返工工件序列 $\dot{9}\ \dot{8}\ \dot{6}\ \dot{7}\ \dot{5}$，并根据性质 4.11 和性质 4.13，将返工工件按照该序列的顺序尽可能早地插入到初始调度中去，最终生成一个新的可行的重调度序列。

2）转移局域搜索

同样按照倒置局域搜索中的方法选择返工工件和位置号 u 和 v。假设选择了块 1（$\dot{7}\ \dot{8}$）和块 2（$\dot{6}$），生成了 $u=1$ 和 $v=1$。将块 2 中第 1 个位置的返工工件 $\dot{6}$ 放到块 1 中第 1 个位置的返工工件 $\dot{7}$ 之前调度，并将块 1 中 $u=1$ 及其之后的返工工件向右移。则通过转移，获得一个新的返工工件的子序列 $\dot{6}\ \dot{7}\ \dot{8}$，即获得一个新的返工工件序列$\dot{6}\,\dot{7}\,\dot{8}\,\dot{9}\,\dot{5}$。最终根据性质 4.11 和性质 4.13，将返工工件按照新生成的返工工件序列的顺序尽可能早地插入到初始调度中去，生成一个新的可行的重调度序列。

3）互换局域搜索

用与前面两种局域搜索相同的方法选择返工工件块u和v。假设选择了块 2（$\dot{6}$）和块 3（$\dot{9}\,\dot{5}$），生成了$u=1$和$v=2$。将块 2 中第 1 个位置上的返工工件$\dot{6}$与块 3 中第 2 个位置上的返工工件$\dot{5}$互换位置，则生成一个新的返工工件序列$\dot{7}\,\dot{8}\,\dot{5}\,\dot{9}\,\dot{6}$。最终根据性质 4.11 和性质 4.13，将返工工件按照新生成的返工工件序列的顺序尽可能早地插入到初始调度中去，生成一个新的可行的重调度序列。

结合上述倒置、转移和互换三种局域搜索算子，RAGA 嵌入了一个自适应局域搜索算法。设p_{inve}、p_{tran}和p_{swap}分别表示三种局域搜索算子所使用的概率，并且满足$p_{\text{inve}}+p_{\text{tran}}+p_{\text{swap}}=1$。$p_{\text{inve}}$、$p_{\text{tran}}$和$p_{\text{swap}}$的初始值均为$1/3$，即最初三种局域搜索算子被使用的概率是相等的。然而，随着算法运行，获得更好的局域搜索效果的算子应该获得更大的使用概率，因此，RAGA 采用一种自适应的方法来确定p_{inve}、p_{tran}和p_{swap}的使用概率。λ表示某一种局域搜索方法对解改进的程度，其数学表达式为

$$\lambda=\frac{f_{\text{prior}}-f_{\text{after}}}{f_{\text{prior}}}$$

式中，f_{prior}是当前种群里所有个体中最好解的值；f_{after}是对具有最好解的个体进行局域搜索后得到的新解的值。只有当$f_{\text{after}}<f_{\text{prior}}$时才计算$\lambda$，然后重新计算$p_{\text{inve}}$、$p_{\text{tran}}$和$p_{\text{swap}}$。

$\lambda_{\text{inve}}(t)$、$\lambda_{\text{tran}}(t)$和$\lambda_{\text{swap}}(t)$分别表示倒置、转移和互换三种局域搜索方法在局域搜索的第t个循环中对解的改进程度，则三种局域搜索算子被使用的概率的数学表达式设计如下：

$$p_{\text{inve}}(t+1)=p_{\text{inve}}(t)+\tau\cdot\lambda_{\text{inve}}(t)$$

$$p_{\text{tran}}(t+1)=p_{\text{tran}}(t)+\tau\cdot\lambda_{\text{tran}}(t)$$

$$p_{\text{swap}}(t+1)=p_{\text{swap}}(t)+\tau\cdot\lambda_{\text{swap}}(t)$$

$$p_{\text{inve}}(t+1)=\frac{p_{\text{inve}}(t+1)}{p_{\text{inve}}(t+1)+p_{\text{tran}}(t+1)+p_{\text{swap}}(t+1)}$$

$$p_{\text{tran}}(t+1)=\frac{p_{\text{tran}}(t+1)}{p_{\text{inve}}(t+1)+p_{\text{tran}}(t+1)+p_{\text{swap}}(t+1)}$$

$$p_{\text{swap}}(t+1)=1-p_{\text{inve}}(t+1)-p_{\text{tran}}(t+1)$$

式中，τ 为对解改进程度的相对影响系数。通过以上策略，不仅可以使这三种不同的局域搜索策略通过相互协作来改进解，而且还能在算法运行过程中通过相互竞争来使它们个体获得更高被使用的概率。图 4.12 说明了自适应搜索算法的流程。

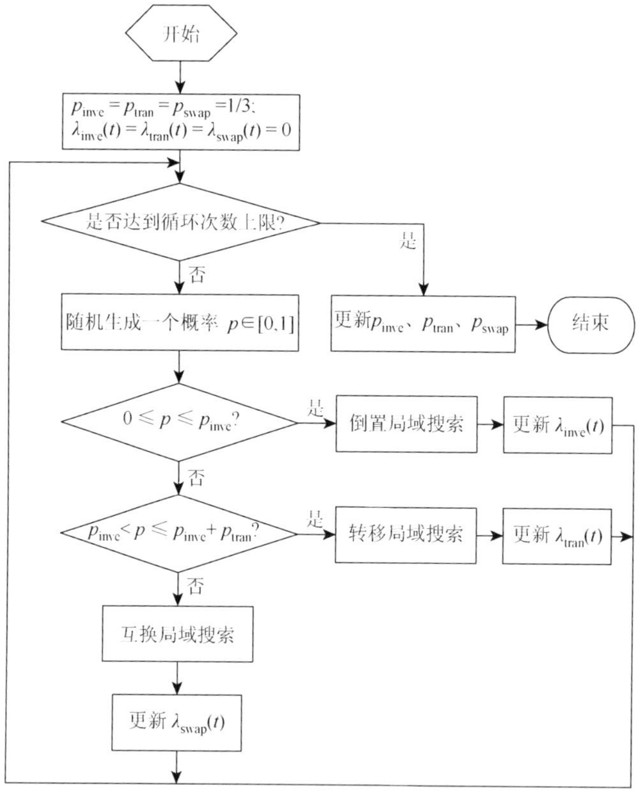

图 4.12　自适应搜索算法的流程

4.3.6.7　RAGA 流程

基于前面的设计，下面给出 RAGA 的总体设计，图 4.13 显示了规则引导的自适应遗传算法的流程图。

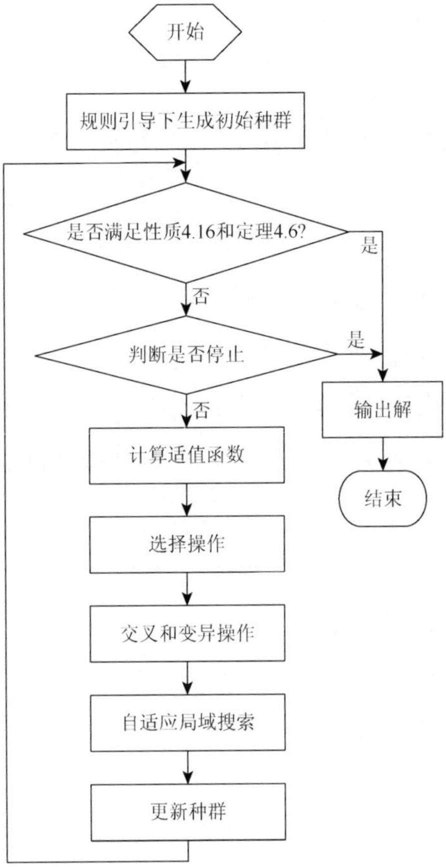

图 4.13 规则引导的自适应遗传算法的流程图

1）初始化

确定种群规模 G、交叉率 p_c、变异率 p_m、替换率 p_r、循环次数上限 t 和局域搜索等相关参数的初始值。

2）规则引导生成初始种群

根据 4.3.6.2 小节的方法生成初始种群。

3）判断

如果有种群中的个体所有返工工件均按照 SPT 的顺序在第一个初始工件前被

调度，或者按照 SPT 顺序在最后一个初始工件之后被调度，或者在该个体中所有工件之间没有机器空闲时间，则根据性质 4.16 和定理 4.6 可知，该个体即 SRRT 问题的最优解。否则，执行如下步骤。

4）进化种群

选择：计算适值函数，运用轮盘赌的方法选择父代个体，被选中的父代个体将被执行遗传运算。

交叉：根据交叉率 p_c，针对父代个体中每对染色体执行顺序交叉操作。

变异：根据变异率 p_m，对执行交叉操作后的染色体执行变异操作。

更新种群：将初始种群和子代种群中的个体按照目标函数值的非降序排列，选择前 $G\times p_r$ 个个体替换父代种群中最后 $G\times p_r$ 个个体，即生成下一代种群。

局域搜索：按照 4.3.6.6 小节的自适应局域搜索算法进行局域搜索。

5）停止准则

如果循环的总次数达到规定的上限值 t，输出具有最大适值函数的个体，计算结束。否则继续执行进化种群。

4.3.7 数值试验

设计大量的数值试验，目的是测试混合整数线性规划（mixed integer linear programming, MILP）、算法 B 和 RAGA 的求解性能。应用 CPLEX 求解 MILP，用 C++语言对算法 B 和 RAGA 进行编程。所有的试验均在硬件环境为 2GB RAM, AMD Athlon（tm）II X4 650 CPU, 3.19 GHz 的个人计算机上运行。

4.3.7.1 生成问题实例

由于在现有文献中无法找到 SRRT 问题的标准实例库，所以本小节设计了生成 SRRT 问题实例的方法。为了生成一般的 SRRT 问题实例，考虑了 4 个与 SRRT 问题相关的参数。表 4.11 描述了 4 个参数及其水平的含义。

表 4.11 SRRT 问题相关的 4 个参数

参数	描述	水平	不同水平的含义
n	问题的规模，即所有工件的总数	20	问题规模较小
		40	↓
		80	问题规模较大
n_R	返工工件集中返工工件的总数量	$0.25n$	较少的返工工件
		$0.50n$	↓
		$0.75n$	较多的返工工件
m	初始工件的最小处理时间	20	初始工件的处理时间较短
			↓
		40	初始工件的处理时间较长
FIT	υ 中机器空闲时间出现的频率	0.1	初始调度中有较少的机器空闲时间
		0.3	
			↓
		0.5	
		0.7	初始调度中有较多的机器空闲时间

首先确定问题规模，即工件总数 $n \in \{20, 40, 80\}$，以及返工工件总数 $n_R \in \{0.25n,\ 0.50n,\ 0.75n\}$，则初始工件的总数即 $n_O = n - n_R$。初始工件的处理时间为 m ～100 随机生成的整数，返工工件的处理时间为 1～ m 随机生成的整数。按顺序生成 1～ n_O 个初始工件，则初始调度的顺序为 $1,2,\cdots,n_O$。初始调度中机器空闲时间出现的频率 FIT 有 0.1、0.3、0.5 和 0.7 共 4 个水平，则初始调度中出现机器空闲时间的个数为 $\text{FIT} \times n_O$，即随机生成 $\text{FIT} \times n_O$ 个机器空闲时间，例如，$\text{FIT} = 0.1$，$n_O = 40$，则在初始调度中生成 $0.1 \times 40 = 4$ 个机器空闲时间。空闲时间的长度与工件的处理时间具有相同的分布，将生成的空闲时间随机插入初始调度序列。根据初始工件的顺序和插入的机器空闲时间，从第一个初始工件开始依次确定初始工件的释放时间。T 表示当前机器可利用的时间，初始值为 0，则第 i 个初始工件的当前可利用时间 T_i 等于第 $i-1$ 个初始工件的完工时间加上第 i 个初始工件之前的机器空闲时间，即 $T_i = C_{i-1} + I_i$。第 i 个初始工件的释放时间为 T_i 到 $T_i \times (i+1)/(i+3)$ 之间随机生成的一个整数。为了保证初始调度的可行性，K 值应该大于或等于生成的初始调度中初始工件的最大等待时间，但是如果 K 值太大，

将导致所有返工工件都能在初始调度中的第一个初始工件前调度，则数值试验将无意义，因此，数值试验中的 K 值等于初始调度中初始工件的最大等待时间。

针对 SRRT 问题中提出的每一种算法，应用 4 个参数的 $3\times3\times2\times4=72$ 种组合进行测试，每种组合生成 10 个算例。因此，每种算法都有 720 个问题算例进行测试。

4.3.7.2 RAGA 参数设置

下面将为 RAGA 确定一组较好的参数组合。RAGA 涉及的参数有交叉率 p_c、变异率 p_m 和替换率 p_r。设定 RAGA 的参数水平分别为 $p_c\in\{0.4, 0.5, 0.6, 0.7\}$、$p_m\in\{0.1, 0.2, 0.3, 0.4\}$、$p_r\in\{0.1, 0.3, 0.5\}$，3 个 RAGA 参数不同水平的组合数为 $4\times4\times3=48$。然而多种参数水平的组合会造成巨大的试验量，以至于难以完成，因此，本书采用混合水平均匀设计试验选择有代表性的候选组合，进行不同参数水平组合的测试。均匀设计试验是一种只考虑试验点在试验范围内均匀散布的试验设计方法，它使测试点均匀分布在测试范围内并具有充分的代表性。与正交试验设计相比，均匀设计试验的测试点分布更加均匀并更具有代表性。RAGA 为混合水平均匀设计试验开发了含有 12 种参数组合的均匀设计表格，应用数据处理系统软件运行混合水平均匀设计试验。表 4.12 说明了 12 种参数组合的详细信息，其中 No. 表示参数组合的序号，n_c、n_m 和 n_r 分别表示 3 种参数水平中被选择水平的位置号。

表 4.12　12 种参数组合

No.	n_c	n_m	n_r	No.	n_c	n_m	n_r	No.	n_c	n_m	n_r
1	4	4	2	5	3	3	1	9	1	4	1
2	3	4	3	6	1	3	3	10	3	2	2
3	2	1	3	7	1	1	2	11	4	1	1
4	2	3	2	8	2	2	1	12	4	2	3

在问题规模确定的情况下，生成问题实例的相关参数有 $3\times2\times4=24$ 种组合。令 $n=40$，按照 4.3.7.1 生成问题实例的方法，每种组合随机生成 5 个算例，则针对

每一个 RAGA 的候选参数组合都产生 120 个问题实例进行测试，每一个问题实例独立运行 30 次，因此，为了选出较好的 RAGA 候选参数组合共需进行 3600 次试验。

种群规模、循环次数上限和局域搜索次数上限分别为 50、30 和 10。$n_{\rm cmv}$ 表示当前目标函数最小值出现的次数，当前目标函数最小值出现的次数的比例 $p_{\rm cmv}$ 等于 $n_{\rm cmv}$ 除以试验的总数 3600 次。$p_{\rm cmv}$ 作为评估 RAGA 的候选参数组合的指标，较好的参数组合具有较大的 $p_{\rm cmv}$ 值。表 4.13 显示了 12 种参数组合下 RAGA 求解 SRRT 问题算例的结果，显然 No.=10，即 $p_{\rm c}=0.6$，$p_{\rm m}=0.2$，$p_{\rm r}=0.3$ 的参数组合胜出。

表 4.13　12 种参数组合下 RAGA 求解 SRRT 问题算例的结果

No.	$n_{\rm cmv}$	$p_{\rm cmv}$/%	No.	$n_{\rm cmv}$	$p_{\rm cmv}$/%	No.	$n_{\rm cmv}$	$p_{\rm cmv}$/%
1	3542	98.4	5	3524	97.9	9	3514	97.6
2	3539	98.3	6	3521	97.8	10	3578	99.4
3	3499	97.2	7	3503	97.3	11	3532	98.1
4	3524	97.9	8	3506	97.4	12	3539	98.3

4.3.7.3　试验结果

基于以上设计，按照前面的方法生成 720 个 SRRT 问题算例，分别应用 MILP（用 CPLEX 软件运行）、启发式算法（算法 B）和 RAGA 对生成的算例进行求解。用 CPLEX 软件求解 MILP 可以获得算例的最优解。

1）分析算法的求解性能

本章中应用 CPLEX 软件求解了两类 MILP，结果显示第一类 MILP 在求解工件总数为 20 的 SRRT 问题时，大部分算例达到了可容忍时间上限。而在应用第二类 MILP 求解时，表现出了较好的性能，因此，本章选择应用 CPLEX 软件求解第二类 MILP，试验结果和其他算法进行对比。

$N_{\rm C}$ 和 $P_{\rm C}$ 分别表示试验中用 CPLEX 软件在可容忍时间上限内求解第二类 MILP 获得最优解的数量和比例。为了获得更多的最优解用于测试其他算法，试验中可容忍时间上限设为 10 000s。N_H 和 P_H 分别表示试验中启发式算法（算法 B）获得最优解的数量和比例。N_R 和 P_R 分别表示试验中 RAGA 获得最优解的数量和比例。T_C、T_H 和 T_R 分别表示 CPLEX、启发式算法和 RAGA 的平均运行时间。A_H 和 A_R 分别表示启发式算法和 RAGA 的平均相对误差。S_H 和 S_R 分别表示启发式算法和 RAGA 的标准偏差。

表 4.14 汇总了三种算法对所有实例的求解结果，结果显示应用 CPLEX 软件求解 SRRT 问题的第二类 MILP，几乎可以在可容忍时间上限内获得工件总数为 80 以内的所有算例的最优解。RAGA 在求解的速度和质量方面均显示了出色的求解性能。表 4.15～表 4.18 分别汇总了在不同问题实例参数下三种算法的求解结果，用以评估不同参数对三种算法求解性能的影响。

表 4.14　三种算法的求解性能

获得最优解的情况						平均运行时间/s			平均相对误差		标准偏差	
N_C	P_C /%	N_H	P_H /%	N_R	P_R /%	T_C	T_H	T_R	A_H	A_R	S_H	S_R
712	98.89	341	47.89	600	84.27	215.21	0.62	5.91	0.005	0.0001	0.0133	0.0007

表 4.15 显示三种算法的求解性能都随着问题规模的增大而下降，而在每一个水平的问题规模中，RAGA 的求解质量都优于启发式算法。当问题规模达到 80 时，显然应用 CPLEX 软件求解 SRRT 问题的第二类 MILP 的平均运行时间大幅度增加，其中最长的运行时间达到 650.89s，而启发式算法和 RAGA 求解的平均运行时间相对比较稳定。

表 4.15　*n* 对三种算法求解性能的影响

n	获得最优解的情况						平均运行时间/s			平均相对误差		标准偏差	
	N_C	P_C /%	N_H	P_H /%	N_R	P_R /%	T_C	T_H	T_R	A_H	A_R	S_H	S_R
20	240	100.00	153	63.75	240	100.00	2.39	0.33	3.15	0.005	0.015	0	0
40	240	100.00	111	46.25	217	90.42	6.88	0.57	4.10	0.005	0.013	0.0001	0.0004
80	232	96.67	77	32.08	149	62.08	650.89	0.97	8.25	0.004	0.0003	0.0099	0.0015

从表4.16中可以看出，n_R 占比为0.25的三种算法的求解性能优于占比为0.50和0.75的情况。当返工工件数的比例达到0.5和0.75时，应用CPLEX软件求解SRRT问题的第二类MILP的平均运行时间明显较长；而启发式算法和RAGA的求解性能虽然稍有下降，但仍然保持相对比较稳定的状态；从整体的求解性能来看，RAGA优于启发式算法。

表 4.16 n_R 对三种算法求解性能的影响

n_R	获得最优解的情况						平均运行时间/s			平均相对误差		标准偏差	
	N_C	P_C/%	N_H	P_H/%	N_R	P_R/%	T_C	T_H	T_R	A_H	A_R	S_H	S_R
0.25n	240	100.00	138	57.50	214	89.17	58.47	0.61	4.32	0.008	0.0002	0.0241	0.0011
0.50n	235	97.92	99	42.13	186	79.15	340.14	0.60	5.96	0.004	0.0001	0.0101	0.0005
0.75n	237	98.75	104	43.88	200	83.33	250.44	0.65	7.79	0.003	0.0001	0.0052	0.0005

表4.17说明初始工件和返工工件处理时间的长短选择不会对三种算法的求解性能造成明显的影响。

表 4.17 m 对三种算法求解性能的影响

m	获得最优解的情况						平均运行时间/s			平均相对误差		标准偏差	
	N_C	P_C/%	N_H	P_H/%	N_R	P_R/%	T_C	T_H	T_R	A_H	A_R	S_H	S_R
20	352	97.78	178	50.57	303	86.08	230.72	0.61	5.50	0.008	0.0001	0.0163	0.0008
40	360	100.00	163	45.28	297	82.50	228.32	0.63	6.35	0.004	0.0001	0.0094	0.0006

通过表4.18可以看出，初始调度中机器空闲时间的多少并不会对三种算法的求解性能造成很大的影响。当FIT=0.1时，三种算法的求解性能明显优于FIT取其他水平值。从平均运行时间上来看，当FIT=0.1时，应用CPLEX软件求解SRRT问题的第二类MILP的平均运行时间优于FIT取其他水平值，而启发式算法和RAGA几乎不受FIT水平的影响。针对每一个FIT水平，RAGA的求解性能均优于启发式算法。

表 4.18 FIT 对三种算法求解性能的影响

FIT	获得最优解的情况						平均运行时间/s			平均相对误差		标准偏差	
	N_C	P_C /%	N_H	P_H /%	N_R	P_R /%	T_C	T_H	T_R	A_H	A_R	S_H	S_R
0.1	180	100.00	115	63.89	167	92.78	83.90	0.61	5.74	0.002	0.0000	0.0080	0.0002
0.3	178	98.89	75	42.13	141	79.21	151.34	0.62	5.97	0.005	0.0001	0.0121	0.0006
0.5	176	97.78	75	42.61	149	84.66	352.34	0.62	5.74	0.006	0.0001	0.0165	0.0007
0.7	178	98.89	75	42.13	143	80.34	333.49	0.63	6.17	0.006	0.0002	0.0148	0.0011

2）RAGA 的稳定性分析

前面试验结果表明，应用 RAGA 求解大规模 SRRT 问题是一个较好的选择，而本节进一步设计了试验，测试 RAGA 求解更大规模 SRRT 问题的稳定性。

在前面问题规模为 40 的算例中，对应问题参数水平 (n_R, m, FIT) 的组合，(0.75,20,0.7) 具有最长平均运行时间，(0.25,20,0.7) 具有最短平均运行时间，(0.50, 20, 0.1) 具有最优的最好解率和最小平均相对误差，(0.50, 20, 0.1) 具有最差的最好解率和最大平均相对误差。在最优的参数组合的设置下，测试了随着问题规模的增大 RAGA 的求解性能情况。

图 4.14 显示了 RAGA 求解问题规模由 40 到 500 的平均运行时间的变化曲线图。实线和虚线分别表示最长平均运行时间和最短平均运行时间的变化情况。

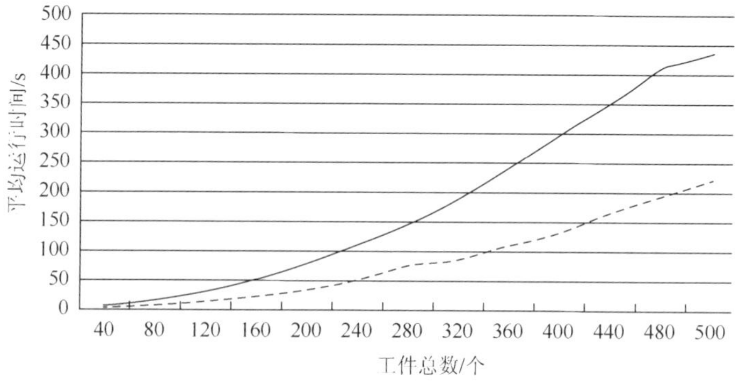

图 4.14 随着工件总数增加的 RAGA 平均运行时间曲线图

图 4.15 显示了 RAGA 求解问题规模由 80 到 500 的最好解率的变化曲线图。实线和虚线分别表示最差最好解率和最优最好解率随着工件总数的增加而变化的情况。

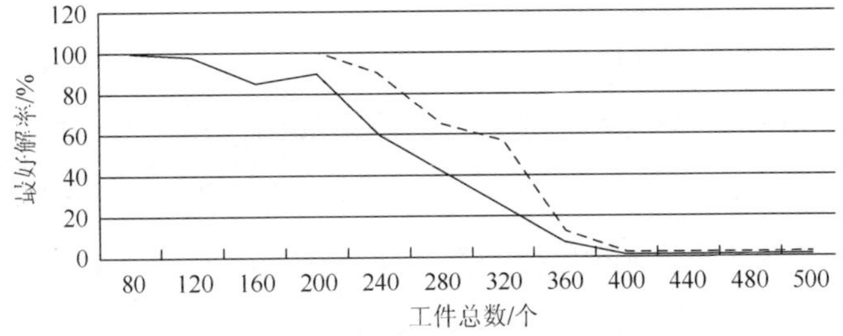

图 4.15 随着工件总数增加的 RAGA 最好解率曲线图

图 4.16 显示了 RAGA 求解问题规模由 80 到 500 的平均相对误差的变化曲线图。实线和虚线分别表示最大平均相对误差和最小平均相对误差随着工件总数的增加而变化的情况。

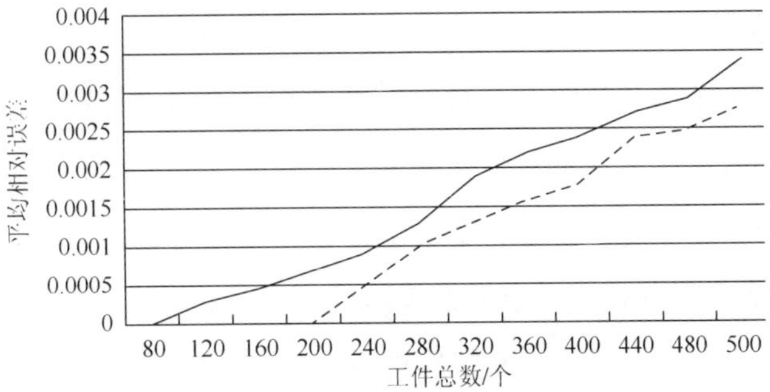

图 4.16 随着工件总数增加的 RAGA 平均相对误差曲线图

通过前面的测试结果可以看出，随着工件总数的增加，RAGA 的平均运行时间增长的速度比较缓慢；最好解率随之下降，在问题规模超过 400 之后的最好解率接近 0；平均相对误差虽然随之增加，但仍在可接受的范围内。总体来讲，随着 SRRT 问题规模的增大，RAGA 求解性能的稳定性是比较令人满意的。

4.4 本章小结

本章研究了以节约能源为目标，最小化所有工件最大等待时间与等待时间和的新到返工工件的重调度问题。

SRRM 问题中，已知初始工件已经按照某优化目标获得了最优或者近优的初始调度，此时一组新到的释放时间为 0 的返工工件需要插入初始调度进行加工，重调度的目标函数为所有工件的最小化最大等待时间。问题首先被证明为 NP 难问题，进而提出了一系列问题的最优解性质。根据提出的性质，本章针对一个特殊的 SRR 问题提出了伪多项式求最优解的算法。针对一般问题提出了一个启发式算法和一个分支定界算法，通过数学证明了启发式算法针对八类特殊 SRRM 问题的最优性和 3/2 最优性。设计了合理的数值试验，通过与提出的 BB 算法获得的最优解进行比较，测试 SIH 算法的执行性能。试验结果表明，BB 算法仅能解决小规模的 SRRM 问题，而 SIH 算法在求解一般的 SRRM 问题上表现了出色的性能。

针对 SRRT 问题，已知初始工件已经按照某优化目标获得了最优或者近优的初始调度，此时一组新到的释放时间为 0 的返工工件需要插入初始调度进行加工，重调度的目标函数为最小化所有工件的等待时间和。首先，本章建立了问题的两类混合整数规划模型，分析了该问题复杂度，提出并证明了问题的最优解性质。然后，针对一类特殊的问题提出了一个伪多项式算法，并针对一般问题提出了启发式算法和规则引导的自适应遗传算法。证明了提出的启发式算法可以在多项式时间获得六种特殊问题的最优解。设计并实施了大量的数值试验，测试了提出的 MILP（CPLEX）、启发式算法和 RAGA 的求解性能。经过测试，不同变量设置的 MILP 模型求解的性能区别很大，应用 CPLEX 运行问题的第二类 MILP 是求解小规模 SRRT 问题的最优解的最佳选择。RAGA 的求解性能非常出色，可以在满意的时间内求得问题的近优解。因此，除了启发式算法能够获得六种特殊的 SRRT 问题的最优解以外，使用 RAGA 求解大规模 SRRT 问题是一个较好的选择。

为了进一步满足实际的需要，带有释放时间的新工件的重调度和更一般环境下的重调度问题，如流水车间问题，值得深入探讨与研究。

5　初始调度完全调整的新到工件单机重调度问题

本章针对单机环境下，初始调度可以完全调整，即初始工件在重调度中顺序和开始时间均可调整，目标为最小化所有工件最大等待时间的初始工件带有释放时间的新到工件重调度（the rescheduling for new jobs on single-machine under original jobs with release times to minimize the maximum waiting time, RSRM）问题和目标为最小化所有工件等待时间和的初始工件带有释放时间的新到工件重调度（the rescheduling for new jobs on single-machine under original jobs with release times to minimize the total waiting time, RSRT）问题展开研究。

5.1　本章符号及释义

表 5.1 是本章所用到的符号及它们的释义。本章中所有的调度均为活跃调度，不失一般性, RSRM 问题和 RSRT 问题均满足下列假设条件。

（1）新到的返工工件与初始工件属工艺同族，装设时间均为 0。

（2）新到的返工工件等待处理的时间无限制。

（3）根据实际生产环境，$p_{\max}^{\mathrm{R}} \leqslant p_{\min}^{\mathrm{O}}$。

（4）r_j、p_j 和 K，$j \in J$ 均为已知的正整数。

（5）所有工件在加工过程中均不可中断。

（6）已知的初始调度均是最优调度。

应用五参数表示法, RSRM 问题可以描述为 $1|r_i : w_i(\sigma) \leqslant K, i \in J_{\mathrm{O}} | w_{\max} : w_{\max}$。

应用五参数表示法，RSRT 问题可以描述为 $1|r_i : w_i(\sigma) \leqslant K, i \in J_{\mathrm{O}} | \sum w_i(\upsilon^*)$, $i \in J_{\mathrm{O}} : \sum w_j(\sigma), j \in J$。

表 5.1 本章所用到的符号及它们的释义

符号	释义	符号	释义
$J_O=\{1,\cdots,n_O\}$	一组初始工件	p_i	工件 i $(i\in J)$ 的加工处理时间
$J_R=\{n_O+1,\cdots,n_O+n_R\}$	一组返工工件	C_i	工件 i $(i\in J)$ 的完工时间
$J=J_R\cup J_O$	所有工件的集合	I_j	工件 j 之前的机器空闲时间
$n=\|J\|=n_O+n_R$	所有工件的总数量	s_i	工件 i $(i\in J)$ 的开始加工时间
υ	可行的初始调度	B	工件块，即一组连续被调度的工件
υ^*	最优的初始调度	$\Delta_i(\upsilon)$	$K-C_i(\upsilon)$ 初始调度中工件 i $(i\in J)$ 的最大可延迟时间
σ	可行的重调度	$p_{\max}^{R}$	返工工件中最大的处理时间
σ^*	最优的重调度	$p_{\min}^{O}$	初始工件中最小的处理时间
ψ	当前机器最早可用时间	$w_{\max}(\sigma)$	初始调度 σ 中的工件最大等待时间
r_i	工件 i $(i\in J)$ 的释放时间	$[j]$	第 j 个位置上的工件
$w_i=s_i-r_i$	工件 i $(i\in J)$ 的等待时间	$i\|j$	工件 j 紧跟着工件 i 被调度
$\sum p_i(\sigma)$	所有工件的加工时间和	$A\backslash i$	从集合 A 或调度 A 中移除工件 i
$\sum F_i(\sigma)$	所有工件的流水时间和	K	初始工件等待加工时间的上限值
$\sum C_i(\sigma)$	所有工件的完工时间和	$R_i\{\psi\}$	$\max\{\psi,r_i\}$ 工件 i 最早可以开始加工的时间
$\sum w_i(\sigma)$	所有工件的完工时间和	$w_{\max}(\upsilon^*)$	最优初始调度 υ 中的工件最大等待时间

5.2 RSRM 问题

单机环境下，已知一组带有不同释放时间且加工不可中断的初始工件，已经按照最小化最大等待时间的目标函数获得初始调度（最优或近优）。其中，工件的等待时间等于工件的开始加工时间减去工件的释放时间；而由于初始工件最大等待时间的限制，初始调度中初始工件的最大可延迟时间等于工件的等待时间上限 K 减去工件的完工时间。此时，有一组新到的释放时间为 0 的返工工件需要插入初始调度进行加工。决策变量是所有加工不可中断工件（初始工件和返工工件）的开始加工时间。优化问题是目标函数为最小化所有工件最大等待时间的可行或者最优的重调度。

5.2.1 RSRM 问题描述

RSRM 问题的数学模型描述如下：

$$\min w_{\max}(\sigma) \tag{5.1}$$

s.t.

$$s_i(\sigma) \geqslant r_i, \quad i \in J \tag{5.2}$$

$$s_{[i]}(\sigma) + p_{[i]} \leqslant s_{[i+1]}(\sigma), \quad [i] \in J \tag{5.3}$$

$$s_i(\sigma) + p_i = C_i(\sigma), \quad i \in J \tag{5.4}$$

$$s_i(\sigma) - s_i(\upsilon) \leqslant K - C_i(\upsilon), \quad i \in J_{\mathrm{O}} \tag{5.5}$$

$$r_j(\sigma) = 0, \quad j \in J_{\mathrm{R}} \tag{5.6}$$

$$p_{\max}^{\mathrm{R}} \leqslant p_{\min}^{\mathrm{O}} \tag{5.7}$$

其中，式（5.1）是目标函数；式（5.2）保证工件只能在它的释放时间之后被调度；式（5.3）保证在同一时刻只能有 1 个工件被加工；式（5.4）说明工件一旦开始加工便不可中断；式（5.5）表示在重调度时初始工件的最大延迟时间受限；式（5.6）显示所有返工工件的释放时间均为 0；式（5.7）根据实际生产环境显示，返工工件的最大处理时间小于等于初始工件的最小处理时间。

由于插入机器空闲时间无益于优化目标函数，所以问题的解只需给出工件之间顺序的重调度即可，则最小化 $w_{\max}(\sigma)$ 是一个正则调度。本章中的所有调度均为活跃调度，即在一个调度中没有一个工件能够提前调度，除非有其他工件被延迟调度。

5.2.2 RSRM 问题复杂度分析

定理 5.1 $1|r_i : w_i(\sigma) \leqslant K, i \in J_{\mathrm{O}} | w_{\max} : w_{\max}$ 重调度问题是 NP 难问题。

证明 可将 RSRM 重调度问题归约为 2.1.2 小节中经典的 NP 难问题——三划分问题进行证明。

考虑下面一个 $1|r_i : w_i(\sigma) \leqslant K, i \in J_{\mathrm{O}} | w_{\max} : w_{\max}$ 问题实例：$n_{\mathrm{O}} = t$，$n_{\mathrm{R}} = 3t$，

p_i=1, i=1,⋯,t, r_i=$iy+(i-1)$, i=1,⋯,t, $s_i(\upsilon)=r_i$, $i=1,\cdots,t$, $K=C_i(\upsilon)$, $i=1,\cdots,t$, $p_j=a_i$, $i=1,\cdots,3t$, $j=t+1,\cdots,4t$, $W=ty+(t-1)-y/4$。

下面证明当且仅当三划分问题有解时，上面的$1|r_i:w_i(\sigma)\leqslant K,i\in J_{\rm O}|w_{\max}:w_{\max}$问题实例存在一个可行的重调度满足$w_{\max}(\sigma)\leqslant W$。

$s_i(\upsilon)=r_i,i=1,\cdots,t$ 说明在初始调度υ中，所有初始工件均在它们的释放时间就开始被加工，且存在着t个机器空闲时间。在重调度σ中，由于$K=C_i(\upsilon)$, $i=1,\cdots,t$，所有初始工件的开始时间保持不变。

充分性：不失一般性，假设三划分问题存在这样一个解，$a_{3i-2}+a_{3i-1}+a_{3i}=y$, $i=1,\cdots,t$，即所有返工工件在t个机器空闲时间被调度，而且初始调度中的每个机器空闲时间都有 3 个返工工件被调度。则返工工件的最大等待时间为$ty+(t-1)-p_{[4t-1]}$，因为$y/4<p_{[4t-1]}<y/2$并且所有初始工件的等待时间为 0，所以重调度解$w_{\max}(\sigma)<ty+(t-1)-y/4=W$，即重调度问题实例存在一个可行重调度。

必要性：如果$1|r_i:s_i|w_{\max}:w_{\max}$问题实例存在一个可行的重调度满足$w_{\max}(\sigma)\leqslant W$，则所有返工工件都应该在初始调度中的$t$个空闲时间被调度。即使仅有一个返工工件在最后一个初始工件之后被调度，$w_{\max}(\sigma)>W$。$y/4<p_j<y/2, j=t+1,\cdots,4t$，并且每一个机器空闲时间等于$y$，所以每一个空闲时间中有 3 个返工工件被调度，因此三划分问题有解。

5.2.3 RSRM 问题的性质

本小节提出并证明九个$1|r_i:w_i(\sigma)\leqslant K,i\in J_{\rm O}|w_{\max}:w_{\max}$问题的性质。

性质 5.1 当且仅当$p_j\leqslant I_{[i]}(\omega)+\Delta_{[i]}(\omega),j\in J_{\rm R},[i]\in J$时，将工件$j$插入到调度$\omega$中的工件$[i]$之前（其中调度$\omega$为初始调度或包含一些返工工件的部分重调度）调度，才能得到 RSRM 问题一个可行的部分重调度或重调度。

证明 充分性：若在一个活跃调度ω中，$p_j\leqslant I_{[i]}(\omega)+\Delta_{[i]}(\omega),j\in J_{\rm R},[i]\in J$，说明了工件$[i]$的最大延迟时间与工件$[i]$之前的机器空闲时间和大于等于

$p_j, j \in J_R$，因此将工件 j 放在调度 ω 中的工件 $[i]$ 之前加工可以得到满足约束条件的可行调度。

必要性：如果将工件 j 在调度 ω 中的工件 $[i]$ 之前进行调度得到的是一个可行调度，而且返工工件没有等待时间约束，则只需满足约束条件 $s_{[i]}(\omega) - s_{[i]}(\upsilon) \leqslant \Delta_{[i]}(\upsilon)$，$[i] \in J_O$。若要满足此条件，则需工件 $[i]$ 的最大延迟时间与工件 $[i]$ 之前的机器空闲时间和大于或等于 $p_j, j \in J_R$，即可以得到 $p_j \leqslant I_{[i]}(\omega) + \Delta_{[i]}(\omega), j \in J_R, [i] \in J$。

性质 5.2 对于 RSRM 问题，已知在一个可行重调度 σ 中，一个返工工件 j 在一个初始工件 i 之前调度；如果交换工件 i 和 j 得到的重调度 σ' 仍然是可行重调度，则 $w_{\max}(\sigma')$ 一定小于或等于 $w_{\max}(\sigma)$。

证明 根据约束条件（5.7），该性质应用简单的工件互换讨论即可得证。

根据性质 5.2，很容易导出下面的性质 5.3。

性质 5.3 对于 RSRM 问题，如果返工工件之间的顺序和初始工件之间的顺序已经确定，则按照该顺序将返工工件尽可能早地在初始工件前调度即可得到一个最优的重调度。

证明 根据性质 5.2 显然得证。

假设 5.1 工件 i 和工件 j 在重调度时，无论哪一个在另一个之前调度都满足最大等待时间的要求。

基于假设 5.1，讨论 RSRM 问题的结构化性质 5.4～性质 5.8。

性质 5.4 对于 RSRM 问题，如果 $r_i \leqslant r_j$，$p_i \leqslant p_j$，则工件 i 先于工件 j 被调度，$i, j \in J$。

性质 5.5 对于 RSRM 问题，如果 $r_i < r_j < \psi$，$p_i > p_j$ 且 $r_j - r_i \leqslant p_i - p_j$，则工件 j 先于工件 i 被调度，$i, j \in J$。

性质 5.6 对于 RSRM 问题，如果 $\psi \leqslant r_i < r_j$，$p_i > p_j$ 且 $2(r_j - r_i) \leqslant p_i - p_j$，则工件 j 先于工件 i 被调度，$i, j \in J$。

性质 5.7 对于 RSRM 问题，如果 $r_i < \psi$，$r_j > \psi$，$p_i > p_j$ 且 $r_j - r_i \geqslant p_i$，则工件 i 先于工件 j 被调度，$i, j \in J$。

性质 5.8 对于 RSRM 问题，如果 $r_i < \psi$，$r_j > \psi$，$p_i > p_j$，$r_j - r_i \leqslant p_i$ 且

$2r_j - r_i \leqslant \psi + (p_i - p_j)$，则工件 j 先于工件 i 被调度，$i, j \in J$。

以上性质 5.4～性质 5.8 均可以通过简单的工件互换讨论得以证明。

本章针对返工工件定义一个特殊的调度规则：最大处理时间最后完成（maximum processing-time last completed, MPLC），即在 J_R 中具有最大处理时间的返工工件在其他所有的返工工件之后调度加工。MPLC 顺序仅针对返工工件与初始工件不相关。

性质 5.9　$1|r_i, I_i = 0 : w_i(\sigma) \leqslant K, i \in J_O | w_{\max} : w_{\max}$ 为一个特殊的 RSRM 问题，存在一个没有机器空闲时间的最优重调度，其中 J_O 中初始工件的调度顺序与在初始调度 υ 中相同，J_R 中返工工件的调度顺序满足 MPLC 顺序。

证明　根据假设知初始调度为最优调度，即所有初始工件之间满足性质 5.4～性质 5.8。由于初始调度中没有机器空闲时间而且 $r_j = 0, j \in J_R$，插入返工工件之后的活跃调度一定也没有机器空闲时间，因此，在重调度中初始工件之间的顺序保持不变，只需确定 J_R 中返工工件之间的最优顺序，并根据性质 5.3 将返工工件按照该顺序尽可能早地插入到初始调度中即可获得一个最优重调度。假设一个最优的重调度 σ^* 中返工工件不是按照 MPLC 顺序进行调度的，工件 i 是最后一个被调度的返工工件，工件 $j \in J_R$ 具有最大处理时间且在工件 i 之前被调度，则 $p_j > p_i$。交换工件 i 和工件 j 可以得到一个新的可行的重调度 σ'，则与重调度 σ^* 相比，工件 i 和 j 之间的所有工件均提前 $p_j - p_i$ 个时间单元被调度，$w_j(\sigma') = w_i(\sigma^*) - p_j + p_i \leqslant w_i(\sigma^*)$。所以无论 $w_{\max}(\sigma') = \max\{w_i | i \in J_O\}$ 或者 $w_{\max}(\sigma') = \max\{w_j | j \in J_R\}$，$w_{\max}(\sigma') \leqslant w_{\max}(\sigma^*)$，与 σ^* 为最优重调度矛盾。

性质 5.9 对于设计求解特殊 RSRM 问题的算法是十分有用的。

5.2.4　RSRM 问题的启发式算法

本小节根据上述性质设计了一个启发式算法。并讨论了应用该启发式算法求解初始调度没有机器空闲时间和只有 1 个机器空闲时间的两类特殊的 RSRM 问题。

5.2.4.1 启发式算法的程序

输入：给定 p_i、r_i、$w_i(\sigma)\leqslant K$，$i\in J_{\mathrm{O}}$，υ 以及 p_j，$j\in J_{\mathrm{R}}$。

排序：将 J_{R} 中的返工工件按照 MPLC 排序存为集合 $\bar{J}_{\mathrm{R}}$。

初始设置：令 $\pi=\upsilon$，$\omega=\varnothing$，$\psi=0$。

循环步骤如下。

步骤 1: B_1 和 B_2 分别是 π 中位置为第一个和第二个的工件块。计算 π 中的 I_{B_1}、I_{B_2} 和 $\Delta_{B_1}=\min\{\Delta_i\,|\,i\in B_1\}$，并将满足 $\arg\min\{\Delta_i\,|\,i\in B_1\}$ 的工件标记为 k。

步骤 2: 在 $\bar{J}_{\mathrm{R}}$ 中选择前 i 个返工工件，使之满足 $\sum_{j=1}^{i}p_{[j]}\leqslant I_{B_1}+\min\{\Delta_{B_1},I_{B_2}\}$ 和 $\sum_{j=1}^{i+1}p_{[j]}>I_{B_1}+\min\{\Delta_{B_1},I_{B_2}\}$。则在 B_1 之前依次调度这 i 个返工工件，更新 $\bar{J}_{\mathrm{R}}=\bar{J}_{\mathrm{R}}\backslash\{[1],\cdots,[i]\}$。如果 $\sum_{j=1}^{i}p_{[j]}\leqslant I_{B_1}$ 或者 i=0，则将 B_1 中的工件先按照工件释放时间的非降序进行排列，如果释放时间相同则按照 SPT 排序，那么该工件块中的第一个工件的开始时间提前 t 个时间单元。如果 $t>0$，则将原 B_1 替换为排序后的 B_1，更新 π，其中第一个工件的开始时间提前 $\min\left\{I_{B_1}-\sum_{j=1}^{i}p_{[j]},t\right\}$，$\omega=\omega\,|\,[1]\in\bar{J}_{\mathrm{R}}\,|,\cdots,|\,[i]\in\bar{J}_{\mathrm{R}}$，$\psi=C_{\max}(\omega)$。如果 $t=0$，则可以得到 $\pi=\pi\backslash\{[1],\cdots,[k]\}$，$\omega=\omega\,|\,[1]\in\bar{J}_{\mathrm{R}}\,|,\cdots,|\,[i]\in\bar{J}_{\mathrm{R}}\,|\,[1]\in\pi\,|,\cdots,|\,[k]\in\pi$，$\psi=C_{\max}(\omega)$。如果 $\sum_{j=1}^{i}p_{[j]}>I_{B_1}$，若 $\min\{\Delta_{B_1},I_{B_2}\}=\Delta_{B_1}$，则 $\pi=\pi\backslash\{[1],\cdots,[k]\}$，$\omega=\omega\,|\,[1]\in\bar{J}_{\mathrm{R}}\,|,\cdots,|\,[i]\in\bar{J}_{\mathrm{R}}\,|\,[1]\in\pi\,|,\cdots,|\,[k]\in\pi$，$\psi=C_{\max}(\omega)$；若 $\min\{\Delta_{B_1},I_{B_2}\}=I_{B_2}$，则 $\pi=\pi$，$\omega=\omega\,|\,[1]\in\bar{J}_{\mathrm{R}}\,|,\cdots,|\,[i]\in\bar{J}_{\mathrm{R}}$，$\psi=C_{\max}(\omega)$。

步骤 3：如果 $J_{\mathrm{R}}=\varnothing$ 且 $\pi=\varnothing$，则 ω 即获得的重调度解 σ。如果 $J_{\mathrm{R}}=\varnothing$ 且 $\pi\neq\varnothing$，则 $\sigma=\omega\,|\,\pi$；否则 $J_{\mathrm{R}}\neq\varnothing$ 且 $\pi\neq\varnothing$，转向步骤 1。

排序步骤的时间复杂度为 $O(n_{\mathrm{R}}\log n_{\mathrm{R}})$，循环步骤的时间复杂度为 $O(3n^2+nn_{\mathrm{O}}\log n_{\mathrm{O}})$，所以启发式算法的时间复杂度为 $O(3n^2+nn_{\mathrm{O}}\log n_{\mathrm{O}}+n_{\mathrm{R}}\log n_{\mathrm{R}})$。

5.2.4.2 初始调度没有机器空闲时间

推论 5.1 启发式算法能够在多项式时间内获得 $1\,|\,r_i,I_i=0:w_i(\sigma)\leqslant K,i\in J_{\mathrm{O}}\,|$

$w_{max}:w_{max}$ RSRM 问题的一个最优重调度解。

证明 根据性质 5.9 该推论容易得证。

5.2.4.3 初始调度只有 1 个机器空闲时间

推论 5.2 启发式算法能够在多项式时间内获得初始调度只有 1 个机器空闲时间并且返工工件的处理时间和小于或等于该空闲时间的 RSRM 问题的一个最优重调度解。

证明 如果在初始调度中只有 1 个机器空闲时间，并且返工工件的处理时间和小于或等于该空闲时间，则所有返工工件一定可以在该机器空闲时间之后的第一个初始工件之前进行调度。分如下两种情况进行讨论。

（1）机器空闲时间位于初始调度的开头。

启发式算法得到的重调度 σ 中，所有返工工件按照 MPLC 顺序在这个机器空闲时间被调度，可以得到 $\max\{w_j \mid j\in J_R\}$ 是最小的，$\max\{w_j \mid j\in J_O\}$ 保持不变，所以 σ 是最优的。

（2）机器空闲时间包含在初始调度之中（至少有一个初始工件在该机器空闲时间之后被调度）。

①启发式算法得到的重调度 σ 中，所有返工工件能够在初始调度 υ 中第一个初始工件之前按照 MPLC 顺序被调度。这就说明第一个工件块的可延迟时间大于或等于所有返工工件的处理时间和。由于所有返工工件的处理时间和小于或等于机器空闲时间，所以机器空闲时间之后调度工件的开始加工时间在返工工件插入后仍保持不变。因此，可将第一个工件块看成一个新的没有机器空闲时间的初始调度 υ'。启发式算法按照 MPLC 顺序调度所有返工工件，获得一个新调度 σ'，调度后 J_O 中的初始工件顺序与 υ' 中相同，而且 σ' 没有机器空闲时间，根据性质 5.9 可知 σ' 是最优的。而部分调度 $\upsilon\backslash\upsilon'$ 保持不变，因此重调度 σ 是最优的。

②启发式算法得到的重调度 σ 中，所有工件按照 MPLC 顺序被调度，并且有一些返工工件在初始调度 υ 的第一个工件块中被调度。与①类似，可将第一个工件块看成一个没有机器空闲时间的初始调度 υ'，则获得的 σ 是最优重调度。

③启发式算法得到的重调度σ中，所有返工工件能够在初始调度υ的机器空闲时间内按照 MPLC 顺序被调度。可以得到$\max\{w_j \mid j \in J_{\mathrm{R}}\}$是最小的，$\max\{w_j \mid j \in J_{\mathrm{O}}\}$保持不变，因此$\sigma$是最优重调度。

推论 5.3　启发式算法能够在多项式时间内获得初始调度只有 1 个机器空闲时间$I_{[u]}$，并且$I_{[u]} < \sum_{i \in J_{\mathrm{R}}} p_i \leqslant I_{[u]} + \min\{\Delta_{[j]} \mid u \leqslant j \leqslant n_{\mathrm{O}}\}$的 RSRM 问题的一个最优重调度解。

证明　由于$I_{[u]} < \sum_{i \in J_{\mathrm{R}}} p_i \leqslant I_{[u]} + \min\{\Delta_{[j]} \mid u \leqslant j \leqslant n_{\mathrm{O}}\}$，启发式算法能够在空闲时间之后的第一个初始工件前按照 MPLC 顺序调度所有的返工工件，而且所有工件之间没有机器空闲时间。而插入返工工件之后的重调度中，初始工件之间的顺序保持不变，因此根据性质 5.9 可得，获得的重调度是最优的。

推论 5.4　启发式算法能够在多项式时间内获得初始调度只有 1 个机器空闲时间$I_{[u]}$，并且$\sum_{i \in J_{\mathrm{R}}} p_i > I_{[u]} + \max\{\Delta_{[j]} \mid u \leqslant j \leqslant n_{\mathrm{O}}\}$的 RSRM 问题的一个$n_{\mathrm{O}} + 1/n_{\mathrm{O}}$近似重调度解。

证明　$\sum_{i \in J_{\mathrm{R}}} p_i > I_{[u]} + \max\{\Delta_{[j]} \mid u \leqslant j \leqslant n_{\mathrm{O}}\}$说明在启发式算法得到的重调度$\sigma$中，至少有一个返工工件需要在最后一个位置被调度。由于$r_j(\sigma) = 0, j \in J_{\mathrm{R}}$，所以$\max\{w_j \mid j \in J_{\mathrm{R}}\} > \max\{w_i \mid i \in J_{\mathrm{O}}\}$。

因此，$w_{\max}(\sigma^*) = \max\{w_j \mid j \in J_{\mathrm{R}}\} \leqslant \sum_{i \in J_{\mathrm{O}}} p_i + \sum_{j \in J_{\mathrm{R}}} p_j - p_{\max}^{\mathrm{R}}$。令$I$表示$\sigma$中任意一个机器空闲时间，则$I \leqslant p_{\max}^{\mathrm{R}} \leqslant p_{\min}^{\mathrm{O}} \leqslant w_{\max}(\sigma^*)/n_{\mathrm{O}}$。因此，重调度解$w_{\max}(\sigma) = \sum_{i \in J_{\mathrm{O}}} p_i + \sum_{j \in J_{\mathrm{R}}} p_j + I - p_{\max}^{\mathrm{R}} \leqslant w_{\max}(\sigma^*) + I \leqslant (n_{\mathrm{O}} + 1) w_{\max}(\sigma^*)/n_{\mathrm{O}}$。

5.2.5　RSRM 问题的分支定界算法

与文献[175]类似，本节开发了一个能够获得问题最优解的 BB 算法。通过计算，在不增加工件数量的前提下，在一组未探索的节点（每一个节点是当前工件的一个排序）中，根据节点的下界决定是否增加新的节点。每一个节点表示一个部分重调度，算法的目的就是开发工件之间的排序。在建立每一个新的节点之前，首先通过一系列支配性质的检验。如果搜索树上的每一个节点没有被性质删除，则在该节点计算一个问题的上界和下界。如果下界大于等于一个已知的完全重调度解，则该节点被删除，如果当前节点的下界等于上界，则获得最优调度解。

5.2.5.1 上界

首先将剩余的初始工件按照性质 5.4～性质 5.8 确定它们之间的顺序，获得一个部分重调度，然后应用启发式算法将剩余的返工工件插入到该部分重调度中，最终获得一个问题上界。

5.2.5.2 下界

首先将剩余的初始工件按照性质 5.4～性质 5.8 确定它们之间的顺序，获得一个部分重调度。然后松弛 RSRM 问题的约束条件（5.4），使剩余的返工工件的加工过程可中断。再应用启发式算法将剩余被松弛的返工工件插入到该部分重调度中，得到一个重调度。根据性质 5.4，容易证明该重调度为该节点的一个下界。

5.2.5.3 分支定界策略

选择一个未被调度的工件，将它放在当前节点的部分重调度之后调度，形成一个新的候选节点。候选节点通过性质 5.1、性质 5.2、性质 5.4～性质 5.8 的检验决定是否删除。重调度的初始解是通过启发式算法得到的。如果候选节点没有通过性质检验而被删除，则应用上面提到的求上下界的方法计算该节点的上界和下界。

5.2.6 性质引导的遗传算法

本小节开发了一个性质引导的遗传算法（genetic algorithm guided by properties，GAGP）。GAGP 是在经典的遗传算法基础上通过性质 5.1～性质 5.3 引导而形成的。

5.2.6.1 RSRM 问题的遗传方式

1）编码

将一个有效的重调度作为一个染色体。例如，{1 2 8 3 6 4 7 5} 是 RSRM 问题一个有效的染色体，其中，{1, 2, 3, 4}是一组初始工件集合J_{O}，{5, 6, 7, 8}是一组返工工件集合J_{R}。

2）染色体的适应值

适应值定义为$F(\sigma_i)=w_{\max}(\bar{\sigma})-w_{\max}(\sigma_i)$，其中$w_{\max}(\bar{\sigma})$是所有返工工件按照处理时间非升序排列放在最后一个初始工件之后调度所获得的 RSRM 问题的一个上界。个体i被选择的概率是$P(\sigma_i)=F(\sigma_i)\Big/\sum_{j\in \mathrm{NP}}F(\sigma_j)$，其中 NP 是种群中的个体数。

3）产生初始种群

在性质 5.1～性质 5.3 的指导下产生一组重调度，即形成一个初始种群。每一个个体按照如下方法生成：首先随机生成一个返工工件的序列，然后按照该顺序将返工工件尽可能早地插入到已知的初始调度中，即产生一个种群个体。

5.2.6.2　遗传操作

1）顺序交叉操作

GAGP 应用一个双点顺序交叉的操作。例如，存在两个父代个体并选择两个交叉点，$p_1=\{1\ \ 2\,|\ \ 8\ \ 3\ \ 6\ \ 4\ \ |\,7\ \ 5\}$，$p_2=\{1\ \ 5\,|\ \ 2\ \ 3\ \ 6\ \ 7\ \ |\,4\ \ 8\}$，交换两个交叉点之间的基因，$\{\_\ \ \_\,|\,2\ \ 3\ \ 6\ \ 7\,|\,\_\ \ \_\}$，$\{\_\ \ \_\,|\,8\ \ 3\ \ 6\ \ 4\,|\,\_\ \ \_\}$，通过顺序交叉之后得到两个子代(子代可能为不可行重调度)，$c_1=\{8\ \ 4\,|\ \ 2\ \ 3\ \ 6\ \ 7\ \ |\,5\ \ 1\}$，$c_2=\{2\ \ 7\,|\ \ 8\ \ 3\ \ 6\ \ 4\ \ |\,1\ \ 5\}$。

2）变异操作

已知一个父代个体{1 2 8 3 6 4 7 5}，随机选择工件 4 和工件 8，交换工件 4 和工件 8 即可得到一个子代个体（可能为不可行重调度）{1 2 4 3 6 8 7 5}。

3）修复策略

通过顺序交叉和变异操作后的子代可能为不可行重调度，GAGP 通过调整工件之间的顺序来修复不可行的个体。首先列出子代中初始工件的顺序，从头依次检验初始工件是否满足模型中的约束（5.5）的要求，如果当前初始工件违背该约束，则将该初始工件和它之前调度的初始工件互换位置，然后从头检验，直到所有初始工件都满足约束为止，产生一个新的初始工件的序列。最后将返工工件保持子代中的顺序，根据性质 5.1 和性质 5.3，尽可能早地插入到调整后的初始工件序列中，即可成功修复一个不可行的个体。

5.2.6.3 GAGP 流程

图 5.1 显示了 GAGP 的流程图，GAGP 的具体程序如下。

步骤 1：确定种群规模数为 N，交叉率为 p_c，变异率为 p_m，替换率为 p_r，遗传循环 $t=0$。

步骤 2：根据 5.2.6.1 的方法生成初始种群。

步骤 3：计算适值函数。采用轮盘赌的方式选择父代，对已经选出的父代个体实施遗传运算。

步骤 4：根据交叉率 p_c，对父代中的每对染色体进行顺序交叉的操作。

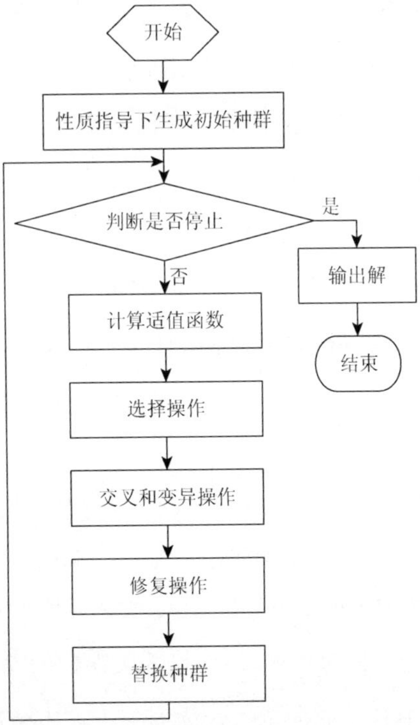

图 5.1 GAGP 的流程图

步骤 5：根据变异率 p_m，对交叉后的染色体进行变异操作。

步骤 6：应用 5.2.6.2 的方法修复不可行子代个体。

步骤 7：将初始种群中的父代和可行的子代按照目标值的非降序排列作为候选的个体。当前种群中目标值最大的 $N \times p_r$ 个个体，被前 $N \times p_r$ 个候选个体所替换，产生下一代种群。

步骤 8：如果循环的次数已达到给定的上限值 G，则输出具有最大适应值的个体，运算结束。否则转向步骤 4。

5.2.7 数值试验

本节设计了大量的数值试验来测试本章所提出的启发式算法、BB 算法和 GAGP 的求解性能。所有算法均采用 C++语言编程，在 8GB RAM, Intel Core i3-2310M CPU, 2.1GHz 的个人计算机上进行测试。为了保证测试算例的多样性和一般性，下面分别设置与算例有关的 5 个参数：工件总数 $n \in \{20, 40, 80\}$、返工工件占工件总数的比例 $\gamma \in \{0.25, 0.5, 0.75\}$、初始调度中机器空闲时间出现的频率 $\xi \in \{0.1, 0.3, 0.5, 0.7\}$、初始工件的最大处理时间 $\varphi \in \{20, 40\}$ 和初始工件最大等待时间的松紧程度 $\mu \in \{0, 0.25, 0.5, 1\}$。

根据如上参数的设计，实例中返工工件的数量为 $n_R = \gamma \times n$，初始调度中的机器空闲数为 $\xi \times n_O$，初始工件的处理时间在 φ～100 产生，返工工件的处理时间在 0～φ 产生，初始工件的最大等待时间为 $K = (1+\mu) \times C_i(\upsilon)$。

5.2.7.1 GAGP 的参数设置

选择 $n = 40$，$\gamma \in \{0.25, 0.5, 0.75\}$，$\xi \in \{0.1, 0.3, 0.5, 0.7\}$，$\varphi$=20，$\mu$=0，针对这 12 种算例参数的组合，每个组合随机生成 5 个测试算例用于测试 GAGP 的参数。设置交叉率 $p_c \in \{0.4, 0.5, 0.6, 0.7\}$、变异率 $p_m \in \{0.1, 0.2, 0.3, 0.4\}$ 和替换率 $p_r \in \{0.1, 0.3, 0.5\}$ 作为 GAGP 的参数。然而这 3 类参数的 48 种组合导致试验量过大，难以实现，因此，应用数据处理系统实施混合水平均匀设计试验，选择 12 种有代表性的 GAGP 候选参数组合参与测试。表 5.2 显示了通过混合水平均匀设计试验选择后的 12 种参数组合。设置种群中的个体数 NP=30，循环次数上限 G=20。针对每一种参数组合，生成 60 个算例，每个算例独立运行 30 次，即每个参数组合进行 1800 次试验。通过测试，选择最好解出现次数最多的参数组合，则 No.=10 被选中，即 $p_c=0.6$、$p_m=0.2$、$p_r=0.3$。

表 5.2 选择的 GAGP 参数

No.	p_c	p_m	p_r	No.	p_c	p_m	p_r	No.	p_c	p_m	p_r
1	0.7	0.4	0.3	5	0.6	0.3	0.1	9	0.4	0.4	0.1
2	0.6	0.4	0.5	6	0.4	0.3	0.5	10	0.6	0.2	0.3
3	0.5	0.1	0.5	7	0.4	0.1	0.3	11	0.7	0.1	0.1
4	0.5	0.3	0.3	8	0.5	0.2	0.1	12	0.7	0.2	0.5

5.2.7.2 三种算法的求解性能

以上设定的所有参数共有 288 种参数组合，每个参数组合随机生成 5 个测试算例，本节共产生 1440 个测试算例。最大可容忍时间限度设为 15 000s。表 5.3 说明了算法求解性能指标及其含义。

表 5.3 算法求解性能指标及其含义

指标	含义
n_B	BB 算法获得最优解的数量
p_B	BB 算法获得最优解数占算例总数的比例
t_B	BB 算法的平均运行时间
n_H	启发式算法获得最优解的数量
p_H	启发式算法获得最优解数占算例总数的比例
t_H	启发式算法的平均运行时间
r_H	启发式算法的平均相对误差
s_H	启发式算法的标准偏差
n_G	GAGP 获得最优解的数量
p_G	GAGP 获得最优解数占算例总数的比例
t_G	GAGP 的平均运行时间
r_G	GAGP 的平均相对误差
s_G	GAGP 的标准偏差

表 5.4 显示了 BB 算法、启发式算法和 GAGP 的求解性能。通过表 5.4 可以看出, BB 算法随着工件总数的增加求解能力明显下降, 当工件总数达到 80 时, 在可容忍时间上限内仅有 1/3 的算例可以求得最优解。通过测试, GAGP 则显示了优秀的求解性能, 与 BB 算法求得的算例最优解对比, GAGP 同样获得了算例的最优解。对于 BB 算法没有在可容忍时间上限内获得最优解的算例测试, 通过 GAGP 和启发式算法的求解结果对比, GAGP 的求解性能明显优于启发式算法。

表 5.4 算法的求解性能

n	BB 算法			启发式算法					GAGP				
	n_B	p_B /%	t_B/s	n_H	p_H /%	t_H/s	r_H	s_H	n_G	p_G /%	t_G/s	r_G	s_G
20	480	100.00	131.17	308	64.17	0.64	0.006	0	480	100.00	4.07	0	0
40	232	48.33	6 773.24	139	28.96	1.88	0.005	0.000 4	232	48.33	6.55	0.004	0.000 3
80	159	33.13	13 487.01	68	14.17	2.96	0.006	0.009 8	159	33.13	11.03	0.000 3	0.001 6

总的来说, 对于求解小规模的 RSRM 问题, BB 算法是最好的选择。对于一些特殊的 RSRM 问题可以通过启发式算法求得最优解或者近优解。而当求解大规模的一般 RSRM 问题时, GAGP 是一个不错的选择。

5.3 RSRT 问题

在单机环境下, 已知在优化目标为最小化总等待时间和的最优初始调度中, 包含一组释放时间不同的初始工件。在初始调度执行前有一组释放时间为 0 的返工工件需要进行调度, 在满足初始工件最大等待时间限值 K 的条件下, 获得优化目标为最小化所有工件总等待时间和的重调度。RSRT 问题示意如图 5.2 所示。

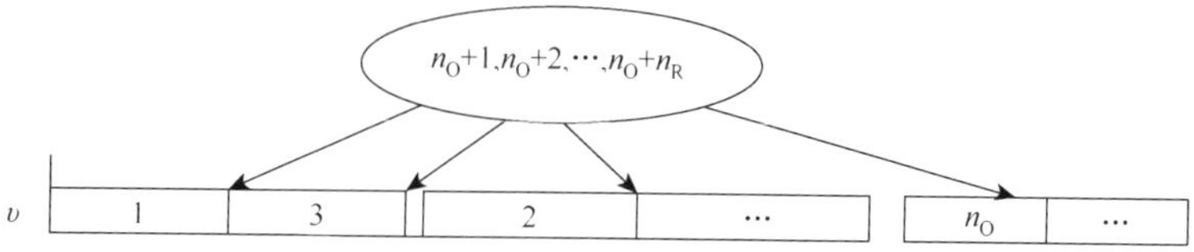

图 5.2 RSRT 问题

5.3.1 RSRT 问题描述

RSRT 问题的数学模型描述如下：

$$\min\sum w_i(\sigma),\quad i\in J \tag{5.8}$$

s.t.

$$w_i(\sigma)\leqslant K,\quad i\in J_{\mathrm{O}} \tag{5.9}$$

$$s_i\geqslant r_i,\quad i\in J_{\mathrm{O}} \tag{5.10}$$

$$s_{[i]}+p_{[i]}\leqslant s_{[i+1]},\quad [i]\in J \tag{5.11}$$

其中，式（5.8）为 RSRT 问题的目标函数；约束（5.9）说明了每个初始工件的等待时间不超过K；约束（5.10）保证初始工件都在释放时间之后开始加工；约束（5.11）表示下一个工件只能在当前工件加工完成之后再进行加工。

5.3.2 RSRT 问题复杂度分析

满足条件$1|r_i:w_i(\sigma)\leqslant K,\ i\in J_{\mathrm{O}}|\sum w_i(\upsilon^*),\ i\in J_{\mathrm{O}}:\sum w_j(\sigma),\ j\in J_{\mathrm{R}}$的 RSRT 重调度问题属于典型的组合优化问题。下面证明其为 NP 难问题。

定理 5.2 $1|r_i:w_i(\sigma)\leqslant K,\ i\in J_{\mathrm{O}}|\sum w_i(\upsilon^*),\ i\in J_{\mathrm{O}}:\sum C_j(\sigma),\ j\in J$ 重调度问题为 NP 难问题。

证明 可由一个已知的 NP 难问题——奇偶分割问题归约得到。

下面考虑$1|r_i:w_i(\sigma)\leqslant K,\ i\in J_{\mathrm{O}}|\sum w_i(\upsilon^*),\ i\in J_{\mathrm{O}}:\sum C_j(\sigma),\ j\in J$ 重调度问题的一个实例 I 。

$n_{\mathrm{O}}=8t$， $n_{\mathrm{R}}=2t$ 。

初始工件： $p_i=2B^{\lceil i/2\rceil}+2a_i$， $r_i=\sum_{j=0}^{i-1}(2B^{\lceil j/2\rceil}+2a_j)+\sum_{j=8t}^{i+8t-1}(B^{\lceil (j-8t)/2\rceil}+a_{j-8t})$，$i=1,\cdots,2t;p_i=2B^t$， $r_i=(i-1)B^t+\sum_{j=1}^{t}[24(t-j)+15]B^j+\sum_{j=1}^{2t}(12t-6j)a_j+9A,i=2t+1,\cdots,8t$。

返工工件：$p_i = B^{\lceil (i-8t)/2 \rceil} + a_{i-8t}$，$i=8t+1,\cdots,10t$；$B=tA^3$，$K=0$；$C=\sum_{j=1}^{t}[(60t-24j)+15]B^j+(16t^2-3t)B^t+\sum_{j=1}^{2t}(30t-9j)a_j+9A$。

下面证明当且仅当奇偶分割问题有解时，问题实例 I 存在可行解。

充分性：初始调度为最优调度υ^*，根据实例 I 有$r_1=0$；$p_1=2B+2a_1$，$r_2=2B+2a_1+B+a_1$；$p_2=2B+2a_2$，…，$r_{2t}=\sum_{j=0}^{2t-1}(2B^{\lceil j/2 \rceil}+2a_j)+\sum_{j=8t}^{10t-1}(B^{\lceil (j-8t)/2 \rceil}+a_{j-8t})$；$p_{2t}=2B^t+2a_{2t}$，$r_{2t+1}=\sum_{j=1}^{t}[24(t-j)+15]B^j+\sum_{j=1}^{2t}(12t-6j)a_j+9A$；$p_{2t+1}=2B^t$，…，$p_{8t}=2B^t$，$r_{8t}=(8t-1)B^t+\sum_{j=1}^{t}[24(t-j)+15]B^j+\sum_{j=1}^{2t}(12t-6j)a_j+9A$。

所有初始工件都在就绪时间开始处理，并产生了 2t 个空闲时间，分别是$[2B+2a_1, 2B+2a_1+B+a_1]$，…，$[2B^t+2a_{2t}, \sum_{j=1}^{t}[24(t-j)+15]B^j+\sum_{j=1}^{2t}(12t-6j)a_j+9A]$。

而2t 个返工工件的就绪时间为 0，处理时间为$p_{8t+1}=B+a_1$，$p_{8t+2}=B+a_2$，…，$p_{10t}=B^t+a_{2t}$。

由实例 I 的已知条件$K=0$，在得到的重调度中，初始工件的开始时间保持不变，而且都在奇数位置上被调度。而2t 个返工工件恰好在每个初始工件之后的空闲时间进行处理，即都在偶数位置上被调度。计算前 4 个位置的工件完成时间和为

$$
\begin{aligned}
&(2B+2a_1)+(3B+3a_1)+(4B+3a_1+a_2)+(6B+3a_1+3a_2)\\
&=15B+11a_1+4a_2\\
&=15B+21a_1/2+9a_2/2+(a_1-a_2)/2
\end{aligned}
\tag{5.12}
$$

类似地得到

$$
\begin{aligned}
\sum C_i(\sigma)=&\sum_{j=1}^{t}[(60t-24j)+15]B^j+(16t^2-3t)B^t\\
&+\sum_{j=1}^{2t}(30t-6j+9/2)a_j+\sum_{i\in S_1}a_i/2-\sum_{i\in S_2}a_i/2
\end{aligned}
\tag{5.13}
$$

因为奇偶分割有解，即$\sum_{i\in S_1}a_i=\sum_{i\in S_2}a_i=A$，所以$\sum C_i(\sigma)=C$。

必要性：考虑一个满足条件的可行调度，初始工件都在释放时间开始处理

即得到最优调度，满足$K=0$，所以重调度中初始工件开始时间不变，并且在奇数位置上被调度。所有的返工工件只能插入初始调度的机器空闲中或者安排在最后一个初始工件之后进行调度。根据实例 I，初始调度中初始工件共产生$2t$个机器空闲。若有一个返工工件在最后一个初始工件之后调度，则借助类似式（5.12）和式（5.13）的计算，可以得到$\sum C_i(\sigma)$都一定大于C，所以返工工件一定在各机器空闲时进行加工，即安排在偶数位置上，并且没有机器空闲，计算得到

$$\begin{aligned}\sum C_i(\sigma)&=\sum_{j=1}^{t}[(60t-24j)+15]B^j+(16t^2-3t)B^t+\sum_{j=1}^{2t}(30t-9j)a_j+9/2\sum_{j=1}^{2t}a_j\\&\quad+\sum_{i\in S_1}a_i/2-\sum_{i\in S_2}a_i/2\\&=C=\sum_{j=1}^{t}[(60t-24j)+15]B^j+(16t^2-3t)B^t+\sum_{j=1}^{2t}(30t-9j)a_j+9A\end{aligned}$$

即得到$\sum_{i\in S_1}a_i=\sum_{i\in S_2}a_i=A$，因此奇偶问题有解。

定理 5.3 $1|r_i:w_i(\sigma)\leqslant K,\ i\in J_{\text{O}}|\sum w_i(\upsilon^*),\ i\in J_{\text{O}}:\sum w_j(\sigma),\ j\in J$ 重调度问题为 NP 难问题。

证明 因$\sum C_i(\sigma)=\sum w_i(\sigma)+\sum p_i=\sum F_i(\sigma)+\sum r_i,\ i=1,\cdots,n$，其中$\sum p_i$与$\sum r_i$均为已知定值，故优化目标为最小化$\sum C_i(\sigma)$、$\sum w_i(\sigma)$、$\sum F_i(\sigma)$的三个 RSRT 问题为等价问题。定理 5.3 得证。

目前，针对单机调度问题$1|r_j|\sum w_j$已有大量研究，假设根据现有算法[176-178]已得到最优初始调度。本书重点研究 RSRT 问题$1|r_i:w_i(\sigma)\leqslant K,\ i\in J_{\text{O}}|\sum w_i(\upsilon^*)$，$i\in J_{\text{O}}:\sum w_j(\sigma),\ j\in J_{\text{R}}$及其求解算法。

5.3.3 RSRT 问题的性质

求解条件为$1|r_i:w_i(\sigma)\leqslant K,\ i\in J_{\text{O}}|\sum w_i(\upsilon^*),\ i\in J_{\text{O}}:\sum w_j(\sigma),\ j\in J$的 RSRT 问题，需要考虑以下两个方面。

（1）确定初始调度中可以插入返工工件的位置，以及插入返工工件的方法。

（2）将插入返工工件后而导致开始时间改变的初始工件调整为最优排序。

通过问题分析，可得到并证明如下问题性质。

性质 5.10 最优重调度中，如果存在返工工件紧接着某个初始工件之后调度，则该返工工件的处理时间一定大于该初始工件在重调度后仍可延迟的最大时间。

证明 反证法：设在最优重调度 σ^* 中，存在一个返工工件 d 紧接着初始工件 b 被调度，且 $p_d \leqslant p_b$。交换 d 与 b 的位置初始工件仍然满足 $w_b(\sigma^*) \leqslant K$，得到另一可行调度 σ'，且 $\sum w_j(\sigma')=\sum w_j(\sigma^*)+p_d-p_b$，由 5.1 节中问题假设条件（3）可知 $p_{\max}^{\mathrm{R}} \leqslant p_{\min}^{\mathrm{O}}$，因此 $\sum w_j(\sigma') \leqslant \sum w_j(\sigma^*)$，故与 σ^* 为最优调度矛盾，得证。

在重调度中，返工工件的插入很可能需要调整部分初始工件的开始时间，使相关初始工件相对于初始调度而被延迟开工，导致部分初始工件的排序失去了最优性。不失一般性，以在初始调度中一次插入返工工件为例，设该次插入一个或多个返工工件，其处理时间和为 a，多次插入情况与此类似，可以得出下面性质。

性质 5.11 $1|r_i: w_i(\sigma) \leqslant K,\ i \in J_{\mathrm{O}}|\sum w_i(\upsilon^*),\ i \in J_{\mathrm{O}}: \sum w_j(\sigma),\ j \in J_{\mathrm{R}}$ 的 RSRT 问题，插入一个（一组）处理时间和为 a 的返工工件之后，为保持插入后调度的最优化，需将满足 $s_{i-1}(\pi^*) < r_i < s_{i-1}(\pi^*)+a,\ i \in J_{\mathrm{O}}$ 条件的初始工件加工顺序调整为最优。

证明 因初始调度为最优调度 π^*，根据文献[175]的性质 1 知 $R_i\{\psi(\upsilon^*)\} < R_{i+1}\{\psi(\upsilon^*)\}$，或者 $\mathrm{PRTF}\{i,\psi(\upsilon^*)\} \leqslant \mathrm{PRTF}\{i+1,\psi(\upsilon^*)\}$，其中，工件 i 在时间 ψ 的总流动时间的优先权规则（priority rule for total flow time，PRTF）定义为 $\mathrm{PRTF}\ \{i,\psi\}=2R_i\{\psi\}+p_i$。因为 $\psi(\sigma)=\psi(\upsilon^*)+a \geqslant \psi(\upsilon^*)$，所以初始调度中的初始工件可以分成三种情况考虑。第一种情况为初始工件满足 $r_i < \psi(\upsilon^*)$，即 $R_i\{\psi(\upsilon^*)\}=\psi(\upsilon^*)$。因为初始调度是最优调度，所以工件遵循 SPT 顺序，而 $\psi(\sigma)=\psi(\pi^*)+a$ 该部分工件排序不受影响，所以仍保持最优性。第二种情况为初始工件满足 $r_i > \psi(\sigma)$，即 $R_i\{\psi(\sigma)\}=R_i\{\psi(\upsilon^*)\}=r_i$，该部分初始工件排序也保持最优性。只有第三种情况满足 $\psi(\upsilon^*) < r_i < \psi(\sigma)$ 的初始工件排序在重调度中可能失去最优性。而 $\psi(\sigma)=\psi(\upsilon^*)+a$，因此只要将满足 $\psi(\upsilon^*) < r_i < \psi(\upsilon^*)+a$，即 $s_{i-1}(\upsilon^*) \leqslant r_i \leqslant s_{i-1}(\upsilon^*)+a,\ i \in J_{\mathrm{O}}$ 的初始工件的排序调整到最优，即可获得重调度中初始工件的

最优调度。

性质 5.12　插入返工工件之后，为保证重调度最优性而调整的子调度中的工件之间没有机器空闲。

证明　因插入的返工工件的释放时间为 0，故在返工工件前一定没有机器空闲，机器空闲只能出现在初始工件之前，根据性质 5.11 在插入返工工件之后只有满足 $\psi(\upsilon^*)\leqslant r_i\leqslant\psi(\sigma)$ 条件的初始工件的排序需要调整，因此，需要调整的子调度中工件之间没有机器空闲。

5.3.4　动态插入启发式算法

基于上述 RSRT 问题性质，设计动态插入启发式（dynamic insert heuristic, DIH）算法，基本思路如下。

（1）将返工工件按照处理时间的非降序排序。

（2）从初始调度第一个空闲开始，整合该空闲和空闲之前的初始工件可以延迟的最长时间，在初始工件前尽可能多地依次插入已排好序的返工工件，根据最优条件对被延迟的初始工件中符合性质 5.11 的初始工件进行调整，确定包含被插入的返工工件及不符合延迟条件的初始工件的子调度。

（3）以此类推，如果确定的子调度已包含了所有的返工工件，则剩余没被确定的初始工件保持初始调度中的排序不变，如果确定的子调度已包含所有的初始工件，但仍有返工工件没有被调度，则将剩余的返工工件依次追加到已经确定的子调度之后进行调度。

不失一般性，为方便起见，将 J_{R} 中的返工工件按 SPT 规则排序后，记为调度 ω，即 $p_{n_{\mathrm{O}}+1}\leqslant p_{n_{\mathrm{O}}+2}\leqslant\cdots\leqslant p_{n_{\mathrm{O}}+n_{\mathrm{R}}}$。

图 5.3 是 DIH 算法的流程图，DIH 算法的具体步骤如下。

设初始值 $\sigma=\varnothing$，$i=1$，$q=1$，$t=1$，$\tilde{I}=I_{[1]}$，$\tilde{J}_{\mathrm{B}}=\varnothing$，其中，$\tilde{J}_{\mathrm{B}}$ 表示下一阶段仍能继续延迟的一组初始工件块。按下列步骤执行。

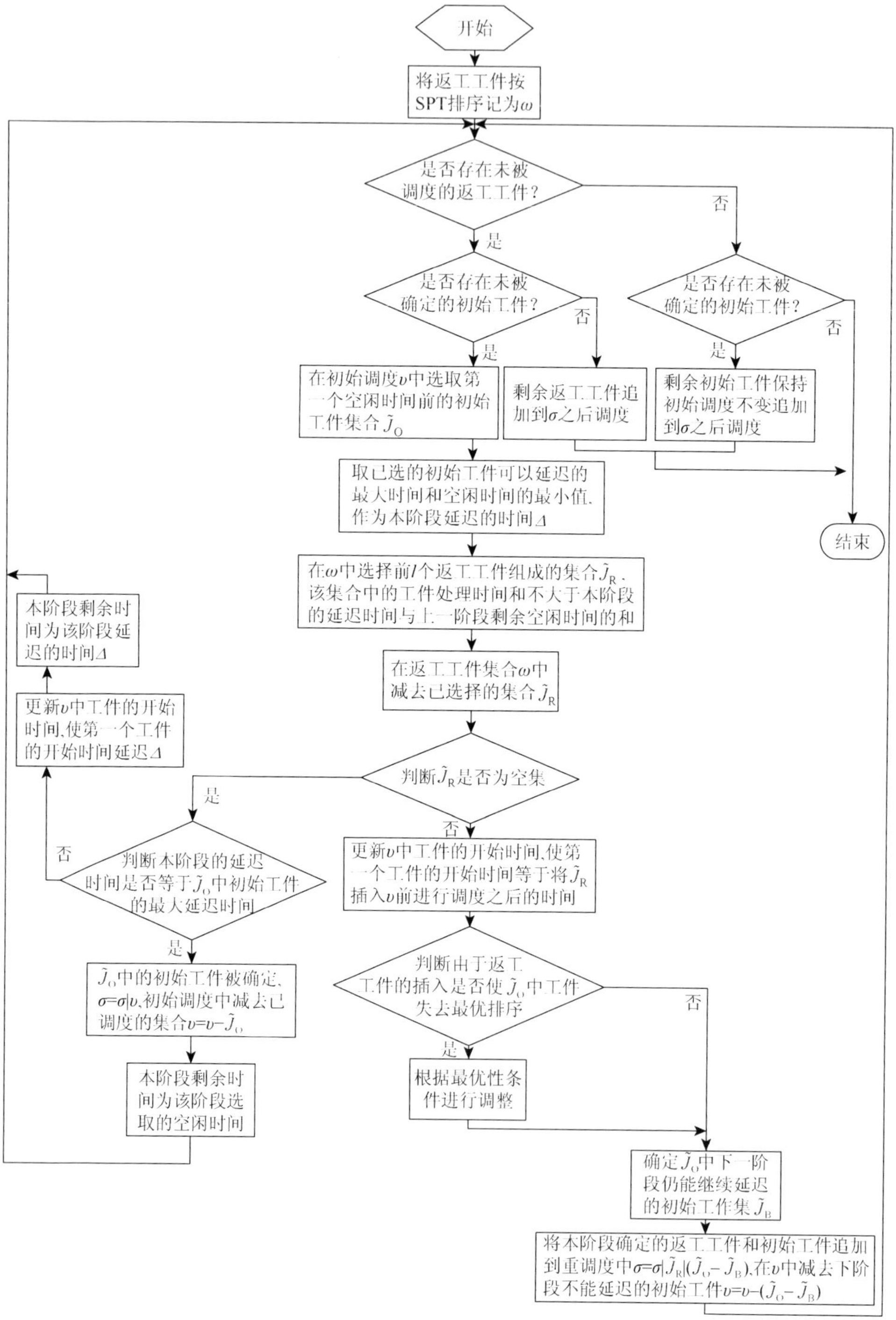

图 5.3　DIH 算法的流程图

步骤 1：如果$\upsilon^* \neq \varnothing$，$\omega \neq \varnothing$，转步骤 1.1；如果$\upsilon^* \neq \varnothing$，$\omega = \varnothing$，则$\sigma = \sigma | \upsilon^*$；如果$\upsilon^* = \varnothing$，$\omega \neq \varnothing$，$\sigma = \sigma | \omega$，算法结束。

步骤 1.1：如果 $C_{[i-1]}(\upsilon^*) < s_{[i]}(\upsilon^*)$ 且 $s_{[i]}(\upsilon^*) = r_{[i]}$，则计算 $\Delta_{\min}(\upsilon^*) = \min\limits_{q=1,\cdots,i-1}\{\Delta_{[q]}(\upsilon^*)\}$，$\Delta = \min\{\Delta_{\min}(\upsilon^*), r_{[i]} - C_{[i-1]}(\upsilon^*)\}$。选择初始工件 $[m]$，$m = \arg\max\limits_{i=1,\cdots,n_{\mathrm{O}}}\{\Delta_{[i]}(\upsilon^*) = \Delta_{\min}(\upsilon^*)\}$，$\tilde{J}_{\mathrm{O}} = \{j_{[1]}(\upsilon^*), \cdots, j_{[m]}(\upsilon^*)\}$，转步骤 1.2，否则$i = i+1$；如果$i \leqslant n_{\mathrm{O}} - m$，则转步骤 1；如果$i > n_{\mathrm{O}} - m$，则令$\Delta = \Delta_{\min}(\upsilon^*)$，并转步骤 1.2。

步骤 1.2：令$P_l = \sum_{j=1}^{l} p_{[j]}, j \in \omega$，如果$\exists\ P_l \leqslant \Delta + \tilde{I}$，$P_{l+1} > \Delta + \tilde{I}$，确定返工工件集$\tilde{J}_{\mathrm{R}} = \{1, \cdots, l\} \in \omega$，$\omega = \omega - \tilde{J}_{\mathrm{R}}$；如果$\tilde{J}_{\mathrm{R}} = \varnothing$，当$\Delta = \Delta_{\min}(\upsilon^*)$时，$\sigma = \sigma | \tilde{J}_{\mathrm{O}}$，$\upsilon^* = \upsilon^* - \tilde{J}_{\mathrm{O}}$，$\tilde{I} = r_{[i]} - C_{[i-1]}(\upsilon^*)$；当$\Delta = r_{[i]} - C_{[i-1]}(\upsilon^*)$时，$\sigma = \sigma$，更新$\upsilon^*$中工件的所有开始时间，使初始工件[1]的开始时间等于$s_{[1]}(\upsilon^*) = s_{[1]}(\upsilon^*) + \Delta$，$\tilde{I} = \tilde{I} + \Delta$，转步骤 1。否则，$\tilde{J}_{\mathrm{R}} \neq \varnothing$，则更新$\upsilon^*$中工件的所有开始时间，使初始工件[1]的开始时间等于$s_1(\upsilon^*) = \max\{s_1(\upsilon^*) + P_l - \tilde{I}, s_1(\upsilon^*)\}$，转步骤 2。

步骤 2：当$q > m$时，转步骤 2.1。当$q \leqslant m$时，如果$r_{[q]} < s_{[q-1]}(\upsilon^*)$或者$r_{[q]} > s_{[q-1]}(\upsilon^*) + P_l$，则$q = q+1$，转步骤 2；否则执行步骤 2.2。

步骤 2.1：如果$\Delta_{[m]}(\upsilon^*) \geqslant p_{[1]}(\omega)$，$\tilde{J}_{\mathrm{B}} = \tilde{J}_{\mathrm{B}} \cup \{j_{[m]}\}$，$m = m-1$，当$m > 0$时，转步骤 2.1，当$m \leqslant 0$时，$\sigma = \sigma | \tilde{J}_{\mathrm{R}} | (\tilde{J}_{\mathrm{O}} - \tilde{J}_{\mathrm{B}})$，$\upsilon^* = \upsilon^* - (\tilde{J}_{\mathrm{O}} - \tilde{J}_{\mathrm{B}})$，转步骤 1。

步骤 2.2：如果$p_{[q+t]} < p_{[q]}$，$w_{[q]}(\upsilon^*) + p_{[q+t]} \leqslant K$，$r_{[q+t]} \leqslant s_{[q+t-1]}(\upsilon^*) + P_l$，则更新$\tilde{J}_{\mathrm{O}}$，使$[q] = [q+t]$，$[q+t] = [q]$，$t = t+1$；否则，$t = t+1$。如果$q + t \leqslant m$，转步骤 2.2；否则$q = q+1$，转步骤 2。

步骤 1 的时间复杂度为$O(n_{\mathrm{O}} n_{\mathrm{R}})$，步骤 1.1 的时间复杂度为$O(2n_{\mathrm{O}})$，步骤 1.2 的时间复杂度为$O(2n_{\mathrm{R}} + n_{\mathrm{O}})$，步骤 2.1 的时间复杂度为$O(n_{\mathrm{O}}^2 + n_{\mathrm{O}})$，步骤 2.2 的时间复杂度为$O(2n_{\mathrm{O}} + n_{\mathrm{R}})$。DIH 算法时间复杂度为$O(n_{\mathrm{O}}^3 n_{\mathrm{R}} + 6n_{\mathrm{O}}^2 n_{\mathrm{R}} + 3n_{\mathrm{O}} n_{\mathrm{R}}^2)$。

5.3.5 DIH 算法应用及有效性

本小节对 DIH 算法应用于 RSRT 重调度问题的有效性，从特殊问题和一般问题两方面进行分析。

5.3.5.1　两种特殊 RSRT 问题

在此讨论两种特殊的 RSRT 问题：一种是返工工件具有相同的处理时间；另一种是初始调度中没有机器空闲时间。下面通过两个定理说明 DIH 算法求解这两种特殊 RSRT 问题的有效性。

定理 5.4　DIH 算法能够在多项式时间内求得 $1|r_i: p_j = a, j \in J_{\mathrm{R}}, w_i(\sigma) \leqslant K, i \in J_{\mathrm{O}} | \sum w_i(\upsilon^*), i \in J_{\mathrm{O}}: \sum w_l(\sigma), l \in J$ 重调度问题的最优解。

证明　因返工工件的处理时间 $p_i = a$ 且 $r_i = 0$，故返工工件之间不必考虑排序问题。又因问题假设条件 $p_{\max}^{\mathrm{R}} \leqslant p_{\min}^{\mathrm{O}}$，故若证明该定理成立，只需证明在满足约束的条件下，将返工工件尽可能多地插入初始调度后，保持初始工件排序的最优性即可。下面用数学归纳法证明。

先验证 DIH 算法进行 1 次循环得到重调度 σ_1 的最优性，根据 DIH 算法可分两种情况讨论。

（1）在满足约束条件下，没有一个返工工件能插入初始调度进行加工。因此，得到的重调度 σ_1 中的初始工件排序保持与初始调度一致，又因已知初始调度 π^* 为最优调度，故仍保持初始工件的最优排序，即得到最优重调度 σ_1^*。

（2）部分返工工件在第一个初始工件前调度。DIH 算法步骤 2 对第一个空闲结束时间之前所包含的 m 个初始工件中，满足 $C_{q-1}(\upsilon^*) \leqslant r_q \leqslant C_{q-1}(\upsilon^*) + \sum p_i$, $q \leqslant m, i \in J_{\mathrm{R}}$ 条件的初始工件排序进行检验、调整。根据性质 5.11 知只需证明此时重调度中前 m 个初始工件的排序为最优子调度即可。因为被调整的初始工件满足 $r_q < r_{q+1} < \psi(\sigma_1)$，所以：

$$\mathrm{PRTF}\{q, \psi(\sigma_1)\} = 2R_q\{\psi(\sigma_1)\} + p_q = 2\psi(\sigma_1) + p_q, q \in J_{\mathrm{O}}$$
$$\mathrm{PRTF}\{q+1, \psi(\sigma_1)\} = 2R_{q+1}\{\psi(\sigma_1)\} + p_{q+1} = 2\psi(\sigma_1) + p_{q+1}, q+1 \in J_{\mathrm{O}}$$

又因 $p_{q+1} < p_q$，所以 $\mathrm{PRTF}\{q+1, \psi(\sigma_1)\} < \mathrm{PRTF}\{q, \psi(\sigma_1)\}$。根据文献[176]的定理 1 可知，在重调度中初始工件 $q+1$ 一定安排在工件 q 之前调度。再根据性质 5.12 可知，重调度中前 m 个初始工件之间一定没有机器空闲，所以根据文献[176]的定理 13 可知，此时重调度 σ_1 中前 m 个初始工件的顺序为最优，所以保证了此

时初始工件排序的最优性，即得到最优重调度 σ_1^*。

假设 DIH 算法进行 h 次循环得到最优重调度 σ_h^*。

对 DIH 算法中进行 $h+1$ 次循环得到重调度 σ_{h+1} 的最优性证明，可分两种情况。

（1）$\sigma_{h+1}=\sigma_h^* \mid \tilde{J}_{\mathrm{R}}$。因为第 h 次循环得到的重调度 σ_h^* 为最优调度，所以在重调度 σ_{h+1} 中，所有初始工件的开始时间与 σ_h^* 相同，即得到最优重调度 σ_{h+1}^*。

（2）$\sigma_{h+1}=\sigma_h^* \mid \tilde{J}_{\mathrm{R}} \mid \tilde{J}_{\mathrm{O}}$。根据 DIH 算法，$\sigma_h^*$ 中不能再插入 $\tilde{J}_{\mathrm{R}}$ 中任何一个返工工件，且 $p_{\max}^{\mathrm{R}} \leqslant p_{\min}^{\mathrm{O}}$，所以与（1）相同，$\sigma_{h+1}=\sigma_h^* \mid \tilde{J}_{\mathrm{R}}$ 为最优子调度。只需证明 $\tilde{J}_{\mathrm{O}}$ 中初始工件顺序为最优即可，证明过程与证明 1 次循环最优性的（2）相同。因此得到初始工件的最优排序，即得到最优重调度 σ_{h+1}^*。

综上所述，对一切 $u(u \geqslant 1)$ 次循环均得到最优重调度 σ_u^*，所以定理 5.4 成立。

定理 5.5 $1 \mid r_i, \sum I_i=0: w_i(\sigma) \leqslant K,\ i \in J_{\mathrm{O}} \mid \sum w_i(\upsilon^*),\ i \in J_{\mathrm{O}}: \sum w_j(\sigma),\ j \in J$ 问题可以通过 DIH 算法在多项式时间内求得最优解。

证明 分为两种情况进行证明。

（1）所有返工工件只能追加到初始调度之后进行调度。

$\sum_{i \in J} w_i(\sigma)=\sum_{i \in J_{\mathrm{O}}} w_i(\sigma)+\sum_{i \in J_{\mathrm{R}}} w_i(\sigma)$，$\sum w_i(\sigma)=\sum w_i(\upsilon^*), i \in J_{\mathrm{O}}$，因为初始调度为最优调度 π^*，所以等式右侧第一项为最优值；又根据算法可知，返工工件按照 SPT 规则进行调度，且返工工件释放时间为 0，所以第二项也为最优值，故 $\sum w_i(\sigma)$ 为最优解。

（2）所有返工工件都插入到初始调度之中进行调度。

用反证法证明，假设将 DIH 算法得到的调度 σ 中任意前后衔接的两个工件 $[d]$ 与 $[d']$ 交换顺序，$d'=d+1$，得到最优调度 σ'。

①如果 $[d]$ 与 $[d']$ 均为返工工件，因初始调度中没有机器空闲，返工工件的释放时间为 0，所以，交换前重调度 σ 的目标值为

$$\sum w_i(\sigma)=\sum w_{[j]}(\sigma)+w_{[d]}+w_{[d']}=\sum w_{[j]}(\sigma)+2C_{[d-1]}+p_{[d]}, \quad i \in \{1,\cdots,n\},$$
$$j \in \{1,\cdots,n\} \setminus \{d,d'\}$$

交换 $[d]$ 与 $[d']$ 后得到重调度 σ' 的目标值为

$$\sum w_i(\sigma') = \sum w_{[j]}(\sigma) + w_{[d']} + w_{[d]} = \sum w_{[j]}(\sigma) + 2C_{[d-1]} + p_{[d']}, \quad i \in \{1, \cdots, n\}, \\ j \in \{1, \cdots, n\} \setminus \{d, d'\}$$

由于算法是按照返工工件的SPT顺序插入的，$p_{[d]} \leqslant p_{[d']}$，所以$\sum w_i(\sigma) \leqslant \sum w_i(\sigma')$，与$\sigma'$是最优调度矛盾。

②如果$[d]$与$[d']$均为初始工件，根据算法可知，$\mathrm{PRTF}(C_{[d-1]}, r_{[d]}) \leqslant \mathrm{PRTF}(C_{[d-1]}, r_{[d']})$，$2\max(C_{[d-1]}, r_{[d]}) + p_{[d]} \leqslant 2\max(C_{[d-1]}, r_{[d']}) + p_{[d']}$，因为初始调度中没有空闲调度，所以$r_{[d]} \leqslant C_{[d-1]}$。当满足$r_{[d']} \leqslant C_{[d-1]}$时，有$p_{[d]} \leqslant p_{[d']}$，与①均为返工工件情况相同。当$r_{[d']} > C_{[d-1]}$时，$\sum w_i(\sigma') \geqslant \sum w_{[j]}(\sigma) + 2C_{[d-1]} + p_{[d']} + 2\,(r_{[d']} - C_{[d-1]}) \geqslant \sum w_{[j]}(\sigma) + 2C_{[d-1]} + p_{[d']} + 2r_{[d']} - 2C_{[d-1]}$，其中，$i \in \{1, \cdots, n\}$，$j \in \{1, \cdots, n\} \setminus \{d, d'\}$，根据算法知$2C_{[d-1]} + p_{[d]} \leqslant 2r_{[d']} + p_{[d']}$，即$2r_{[d']} + p_{[d']} - 2C_{[d-1]} \geqslant p_{[d]}$，导致$\sum w_i(\sigma') \geqslant \sum w_{[j]}(\sigma) + 2C_{[d-1]} + p_{[d]} \geqslant \sum w_i(\sigma)$与$\sigma'$是最优调度矛盾。

③如果$[d]$为返工工件，$[d']$为初始工件，则$\sum w_i(\sigma') \geqslant \sum w_{[j]}(\sigma) + 2C_{[d-1]} + p_{[d']}$，根据问题假设条件$p_{\max}^{\mathrm{R}} \leqslant p_{\min}^{\mathrm{O}}$，有$p_{[d]} \leqslant p_{[d']}$，导致$\sum w_i(\sigma) \leqslant \sum w_i(\sigma')$，与$\sigma'$是最优调度矛盾。

④如果$[d]$为初始工件，$[d']$为返工工件，根据算法可知，$w_{[d]}(\sigma') = w_{[d]}(\sigma) + p_{[d']} > K$，则$\sigma'$为不可行解。

综上，重调度σ为$1 | r_i : w_i(\sigma) \leqslant K, i \in J_{\mathrm{O}} | \sum w_i(\upsilon^*), i \in J_{\mathrm{O}} : \sum w_j(\sigma), j \in J_{\mathrm{R}}$问题的最优解。

5.3.5.2　一般的 RSRT 问题

针对一般的 RSRT 问题，DIH 算法同样具有很好的求解效果。首先根据 DIH 算法得到解的特征，给出最优解的判定定理；然后用 RSRT 问题算例 I 说明该判定定理；最后给出一般的 RSRT 问题算例 II，详细描述 DIH 算法的流程，并针对实际问题加以说明。

定理 5.6　$1 | r_i : w_i(\sigma) \leqslant K, i \in J_{\mathrm{O}} | \sum w_i(\upsilon^*), i \in J_{\mathrm{O}} : \sum w_j(\sigma), j \in J_{\mathrm{R}}$问题应用 DIH 算法求解，如果得到的重调度$\sigma$中，最后一个返工工件前没有机器空闲时间，则得到的重调度为 RSRT 问题的最优重调度σ^*。

证明 如果DIH算法得到的重调度σ中，最后一个返工工件前没有机器空闲，则从第一个工件开始连续调度没有机器空闲的所有工件组成的子调度为最优调度。证明过程与定理5.5的（2）情况相同。其余工件必均为初始工件，且其首个初始工件之前有空闲时间说明从该初始工件起之后所有的初始工件没有受到插入的返工工件的影响，子调度仍然与υ^*中相同，因此$\sigma=\sigma^*$。

1）RSRT问题算例Ⅰ

以具有如下特征的一类RSRT问题为例，说明DIH算法得到的解为最优解。

初始工件：$p_1=p_2=p_3=X, p_4=X+x$；$r_1=0, r_2=X-\varepsilon_1, r_2=2X+x, r_4=3X+3x$；$\upsilon^*=\{1,2,3,4\}$。

返工工件：$p_5=x, p_6=x-\varepsilon_2$；$K=x, X>x, \forall\varepsilon_i>0, i=1,2, \varepsilon_1\leqslant\varepsilon_2$。

图5.4中，υ^*表示已知的初始最优调度，σ表示DIH算法获得的重调度。重调度过程中，首先将返工工件按SPT规则排序为$\{6,5\}$；然后计算1,2可以延后加工的最大时间$x-\varepsilon_1$，因为$\varepsilon_1\leqslant\varepsilon_2$，得$x-\varepsilon_2\leqslant x-\varepsilon_1$，所以返工工件6可以插入到初始工件1之前进行调度；再计算初始工件3可以延后加工的最大时间x，加上初始工件3之前剩余的空闲时间ε_2，得$x+\varepsilon_2>x$，所以可以将返工工件5插入到初始工件3进行调度，因此得到重调度$\sigma=\{6,1,2,5,3,4\}$，$\sum w_j(\sigma)=2X+4x+\varepsilon_1-4\varepsilon_2$。同时根据定理5.6的判定条件可以确定$\sigma=\sigma^*$，$\sum w_j(\sigma)=\sum w_j(\sigma^*)$，即DIH算法得到了RSRT问题算例的最优解。

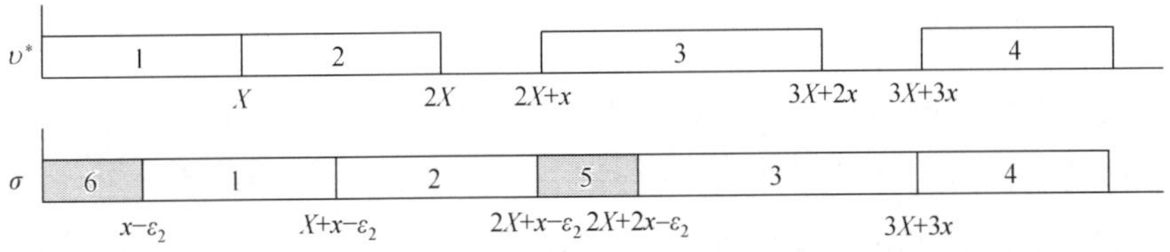

图5.4 算例Ⅰ的求解过程图

2）RSRT问题算例Ⅱ

下面用一个一般的RSRT问题的算例来详细阐述DIH算法的调度机制。

已知$K=8$，$\upsilon^*=\{1,2,3,4,5,6,7,8,9,10\}$，$\omega=\{11,12,13,14,15,16,17\}$。

表 5.5 是初始工件和返工工件的具体数据。

表 5.5　RSRT 问题算例Ⅱ

i	1	2	3	4	5	6	7	8	9	10	11	12	13	14	15	16	17
p_i	10	7	7	6	6	6	9	10	9	16	1	2	2	3	4	5	6
r_i	0	7	20	22	28	33	51	52	78	79	0	0	0	0	0	0	0

如图 5.5（a）所示，已知υ^*和ω，$\sigma=\varnothing$。第一步先找到υ^*中第一个机器空闲之前的初始工件集$\tilde{J}_{\mathrm{O}}$，通过计算$\Delta_{\min}(\upsilon^*)=\Delta_{[2]}(\upsilon^*)$=5，因此在$\upsilon^*$前最多可以插入的返工工件的总处理时间不大于$\Delta=\min\{\Delta_{[2]}(\upsilon^*)$，$r_{[3]}-C_{[2]}(\upsilon^*)\}=r_{[3]}-C_{[2]}(\upsilon^*)=3$。

在图 5.5（b）中$\tilde{J}_{\mathrm{R}}=\{11,12\}$被调度。因为$r_{[2]}=r_2=7$，$s_{[1]}(\upsilon^*)=0$，$P_l=3$，$r_{[2]}>s_{[1]}(\upsilon^*)+P_l$，所以初始工件1,2顺序不变。但1,2仍然可以延迟，所以第二步υ^*中第一个机器空闲之前的初始工件集$\tilde{J}_{\mathrm{O}}=\{1,\cdots,6\}$。通过计算$\Delta_{\min}(\upsilon^*)=\Delta_{[2]}(\upsilon^*)=2$，而在$\upsilon^*$前最多可以插入的返工工件的总处理时间不大于$\Delta=\min\{\Delta_{[2]}(\upsilon^*)$，$r_{[7]}-C_{[6]}(\upsilon^*)\}=\Delta_{[2]}(\upsilon^*)=2$。

在图 5.5（c）中$\tilde{J}_{\mathrm{R}}=\{13\}$被调度，1,2被调度。第三步$\upsilon^*$中第一个机器空闲之前的初始工件集$\tilde{J}_{\mathrm{O}}$中，$\Delta_{\min}(\upsilon^*)=\Delta_{[6]}(\upsilon^*)$=0，因此在这一步不能调度任何返工工件。

在图 5.5（d）中$r_{[2]}=r_4=22$，$s_{[1]}(\upsilon^*)=s_3(\upsilon^*)=20$，$P_l=5$故$s_{[1]}(\upsilon^*)\leqslant r_{[2]}\leqslant s_{[1]}(\upsilon^*)+P_l$，同时又满足$p_4<p_3$，$w_3(\upsilon^*)+p_4\leqslant K$，$r_4\leqslant s_3(\upsilon^*)+P_l$，因此需要交换初始工件3和4的位置，其他初始工件不满足交换条件，所以初始工件5, 6保持原顺序被调度。接着进行第四步，υ^*中第一个机器空闲之前的初始工件集$\tilde{J}_{\mathrm{O}}$中，虽然$\Delta_{\min}(\upsilon^*)=\Delta_8(\upsilon^*)$=0，$\Delta$=0，但是$\tilde{I}=r_7-C_6(\upsilon^*)$=4，因此$\upsilon^*$前可以插入总处理时间不大于$\Delta+\tilde{I}$=4的返工工件。

在图 5.5（e）中$\tilde{J}_{\mathrm{R}}=\{14\}$被调度，初始工件 4、3、7 和 8 被调度。第五步与第四步情况类似。

在图 5.5（f）中$\tilde{J}_{\mathrm{R}}=\{15\}$被调度，初始工件 9 和 10 被调度。至此，所有初始

工件均被调度，即$\upsilon^*=\varnothing$，但仍有返工工件$\omega=\{16,17\}$没有被调度。

根据 DIH 算法在图 5.5（g）中，依次将返工工件 16 和 17 放在初始工件 10 之后被调度。最终获得 RSRT 问题算例 II 的解为$\sigma=\{11, 12, 13, 1, 2, 4, 3, 5, 6, 14, 7, 8, 15, 9, 10, 16, 17\}$。

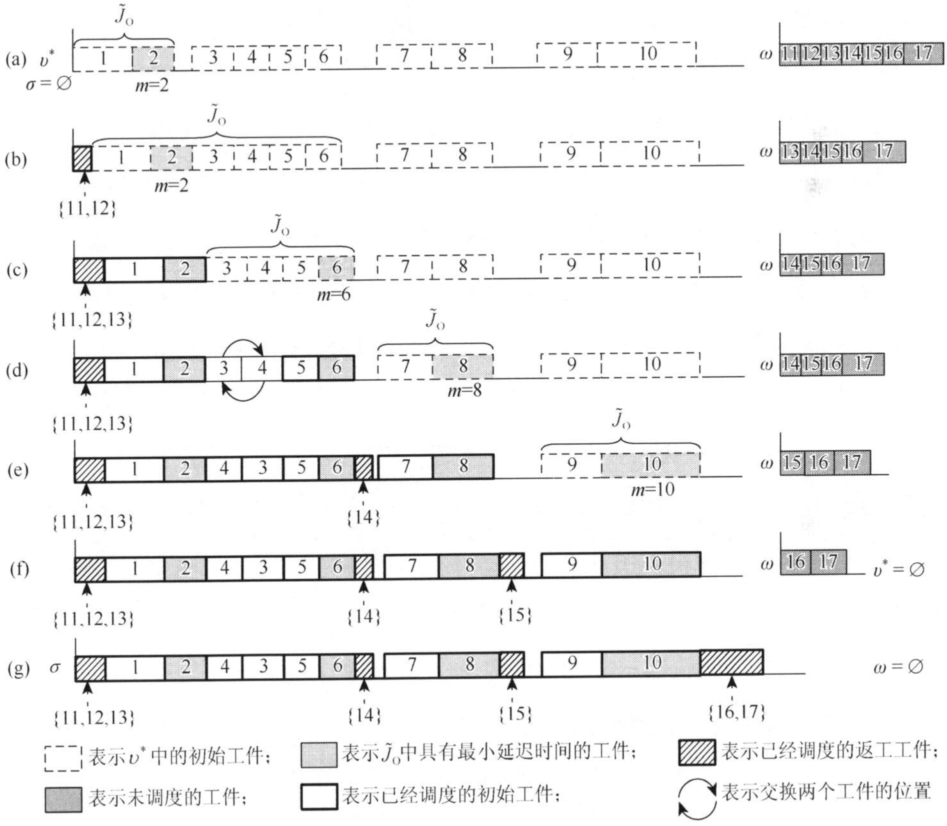

图 5.5 算例 II 的求解过程图

值得注意的是，算例 II 是 RSRT 问题的一般情况，如果算例 II 中p_i，$i=11,\cdots,16$的值相等，则该算例对应的是 5.3.5.1 中返工工件具有相同处理时间的一类特殊的 RSRT 问题，根据定理 5.4 可知，DIH 算法得到的解σ为最优解σ^*；如果算例 II 中已知的初始调度υ^*中没有机器空闲时间，则对应的是 5.3.5.1 中初始调度中没有机器空闲时间的另一类特殊的 RSRT 问题，根据定理 5.5 可知，DIH 算法仍可以得到这类 RSRT 问题的最优解 σ^*。

5.4 本 章 小 结

本章首先研究了$1|r_i:w_i(\sigma)\leqslant K,\ i\in J_O|w_{\max}:w_{\max}$，是石英玻璃厂中常见的一个重调度问题。针对目标函数为最小化最大等待时间的 RSRM 问题，首先描述了问题的数学模型，证明了该问题为 NP 难问题，提出并证明了九个问题的结构化性质和最优解性质，进而根据性质分别设计开发了 BB 算法、启发式算法和 GAGP 用于问题求解，经过证明，提出的启发式算法可以求得两大类特殊的 RSRM 问题的最优解和一类特殊 RSRM 问题的近似解。然后设计实施了大量的数值试验，试验结果表明，BB 算法可用于求解小规模的 RSRM 问题，GAGP 与启发式算法相比，表现出更好的求解性能，可用于求解一般的大规模的 RSRM 问题。

接着研究了目标函数为最小化等待时间和的 RSRT 问题，首先讨论了该问题的复杂度，并证明了 RSRT 问题为 NP 难问题，通过对 RSRT 问题的分析，得到了三个性质，并给出证明。然后在问题性质的基础上设计了 DIH 算法，描述了算法具体步骤和流程图，应用 DIH 算法对两个特殊的 RSRT 问题进行求解，证明了该算法的最优性。最后针对一般的 RSRT 问题，根据 DIH 算法得到解的特征，给出了最优解的判定证明，同时给出相应的算例分别阐述 DIH 算法获得最优解和一般情况下 DIH 算法的详细求解过程。

然而，本章所研究的返工重调度问题仅针对确定性单机环境，一方面今后本研究可以扩展到其他生产环境中，如并行机、流水车间、加工车间；另一方面可以延伸到考虑随机性环境，在实际生产环境中，有很多计划因素是随机的，因此，下一步在考虑随机的情况下开展本研究将会更有实际意义。

6　石英玻璃厂案例应用研究

本章以某石英玻璃厂为案例，根据石英玻璃制品的实际应用和加工工艺特点，基于石英玻璃制品焊接工位，建立初始调度调整受限的新到工件重调度模型，并利用本书提出的优化方法进行实例应用研究。

6.1　石英玻璃制品的应用

石英玻璃的实际应用十分广泛，根据石英玻璃优良的物理和化学特性，石英玻璃制品主要应用于半导体、医疗设备、光学设备、专用实验设备、电器设施、化学仪器、国防、材冶、电子、化工、医疗及高温作业等众多行业。具体如下。

（1）半导体方面：石英玻璃是半导体材料和器件生产过程中不可缺少的材料，如生长锗，硅单晶的坩埚、舟皿炉芯管和钟罩等。

（2）新型光源方面：做高压水银灯、长弧氙灯、碘钨灯、碘化铊灯、红外线灯和杀菌灯等。

（3）新技术领域中：用其声、光、电学的极佳性能，做雷达上的超声延迟线、红外跟踪测向、红外发热灯管、通信、摄谱仪、分光光度计的棱镜、透镜、大型天文望远镜的反射窗、高温作业窗、反应器、放射性装置；火箭、导弹的鼻锥体、喷嘴和天线罩；人造卫星的无线电绝缘零件、热天秤、真空吸附装置、精密铸造等。

（4）化工方面：可做高温耐酸性气体的燃烧、冷却和通风装置，酸性溶液的蒸发、冷却、储存装置，蒸馏水、盐酸、硝酸、硫酸等的制备装置。

（5）高温作业方面：可做光学玻璃、石英坩埚、电炉炉芯管、气体燃烧辐射体等。

（6）光学方面：石英玻璃和石英玻璃棉可做火箭的喷嘴、宇宙飞船防热罩和观察窗等。

总之，随着现代科学技术的发展，石英玻璃在各个领域得到更加广泛的应用。然而，正是由于石英玻璃制品的应用面广，石英玻璃产品需求多样化，简单成型后的石英玻璃制品，除极少数能直接符合要求外（如管、片、瓶、罐等），大多数还需要二次加工，以改善石英玻璃制品的表面性质、外观质量和外观效果，得到符合要求的制品。

6.2 石英玻璃制品的加工工艺

石英玻璃生产通常要对石英玻璃制品进行热处理和二次加工，以改变石英玻璃制品的物理和化学性能，使之能够满足各领域的应用需求。

6.2.1 石英玻璃制品的热处理工艺

石英玻璃制品在生产中，由于应用了各种加工工艺，会在不同温度下进行加工，致使制品的内部产生了热应力。如果存在热应力或者石英玻璃制品的物理及光学结构变化，均会降低该制品的热稳定性和物理强度。这样不仅不能满足实际使用的需要，甚至在保存或运输过程中会出现破裂等现象。因此，石英玻璃制品成型后，一般都要经过热处理。

石英玻璃制品的热处理，一般包括退火和淬火两种工艺。

退火就是尽可能消除玻璃制品中热应力的热处理过程，为了使石英玻璃制品内部结构均匀，通过退火工艺就可以达到光学性能的要求。淬火就是为了提高石英玻璃制品的机械强度和热稳定性，而使石英玻璃表面形成分布均匀且有规律的压力层。

6.2.2 石英玻璃制品的二次加工工艺

石英玻璃的二次加工分为冷加工、热加工和表面处理三大工艺。

（1）石英玻璃的冷加工工艺。冷加工工艺是指在常温下通过物理方法（包括打磨、钻孔、抛光、切割、喷砂、车铆刻等）使石英玻璃制品的外观和表面形状发生改变的过程。

（2）石英玻璃的热加工工艺。热加工工艺是指在高温下（包括火焰切割、火抛光、钻孔、锋利边缘的烧口等）对石英玻璃制品的化学性能和外观质量进行改善的过程。例如，将经过冷加工的石英玻璃零件（管、棒、片等）按照客户的需要加工成各种石英玻璃制品，如石英炉管、石英舟、源瓶均、流板废液瓶等其他石英玻璃制品。

（3）石英玻璃的表面处理。表面处理是指利用毛蚀、刻蚀、抛光、着色和涂层等方法，根据实际需求使石英玻璃制品表面形成敞光面或光滑面等。

6.3 石英玻璃制品焊接工位的重调度问题

根据石英玻璃制品的应用领域及特点，通常对石英玻璃制品的质量要求也比较高，每个加工环节都需要有精密的仪器对产品进行严格检测。以石英玻璃制品的焊接工位为例，经常会出现焊接不密封、零件焊接尺寸不达标等质量问题，需要经过简单的返工处理才可达标。同时，由于石英玻璃原材料的价格比较昂贵，为了节约能源和成本，在焊接工位还经常出现石英玻璃制品改造新加工任务。以上情况均干扰车间的初始调度方案，需对新到的加工任务进行重调度才能解决车间生产的实际要求。

6.3.1 工艺流程及重调度问题

以某石英玻璃厂热加工车间的退火焊工位为例，图 6.1 展示了该工位的加工工艺流程以及重调度问题。根据车间调度安排，已经针对初始工件进行了最优或者近优的调度计划，即初始工件加工顺序已知，根据工艺要求，初始工件在退火焊之前需将石英玻璃零件分别预热到 800～820℃，石英玻璃零件的物理特性不同，导致需要预热的时间有所差异，因此重调度问题中的初始工件具有不同的释放时间；当有返工和翻新的石英玻璃制品（需返工或翻新的工件已经过退火处理，再加工时不需要预热，因此释放时间为 0）到达该工位准备加工时，需要对初始调度进行调整；而退火焊需要将焊接好的石英玻璃制品加热到 1025～1120℃进行退火处理，预热后的温度会随着工件等待加工时间的增加而逐渐降低，则升温到退火温度便需要更多的能耗；同时，工艺要求预热后的原材料在不低于一定温度下才能进行焊接，即初始调度中初始工件的等待时间受限，因此，在满足各种约束条件的前提下，优化节能目标（即最小化工件的等待时间），进行重调度（即确定所有工件的加工顺序或开始加工时间），即本书研究的初始调度调整受限的新到工件重调度问题。

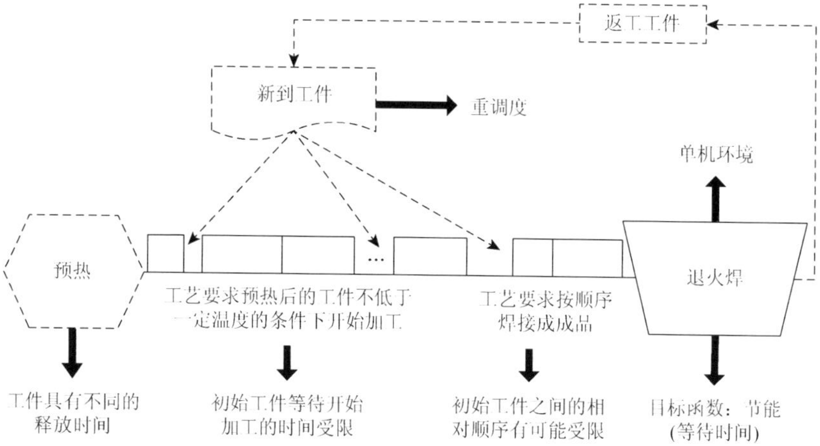

图 6.1　石英玻璃退火焊的工艺流程及重调度问题

6.3.2　重调度问题的数学模型

石英玻璃制品多样化，因此，根据车间实际情况和产品工艺特点，确定优化变量和约束条件，最终确定石英玻璃制品焊接工位重调度问题的数学模型。

对石英玻璃进行热加工时，根据工艺特点，工件等待加工的时间越短，能耗越低，也就越节约能源，因此，优化节能目标即优化工件的等待时间，具体包括下面两种情况。

（1）实际生产中根据石英玻璃制品订单不同，有些产品是由多个石英玻璃零件在焊接工位上组装加工成一个成品，之后再进行退火处理。优化的节能目标即最小化最大等待时间。

（2）一些石英玻璃制品是在焊接工位上离散加工每个工件，每完成一个石英玻璃制品的加工过程就立刻进行退火处理，然后继续加工下一个制品。优化的节能目标即最小化所有工件的等待时间和。

基于节能的优化目标，可从如下三方面考虑石英玻璃制品焊接工位的重调度问题。

（1）制订完初始调度计划之后，有些人员、材料、设备、运输等相应的准备工作已经协调安排完成，不能对初始调度进行干扰，因此，约束条件为初始调度完全锁定，即重调度时，初始工件的开始时间和完工时间均保持不变。则重调度问题即以下两个问题：RLSM 问题，$1|r_i:s_i(\sigma)=s_i(\upsilon),\ i\in J_{\rm O}|\sum w_i(\upsilon),\ i\in J_{\rm O}:w_{\max}^{\rm N}(\sigma)$；RLST 问题，$1|r_i:s_i(\sigma)=s_i(\pi),\ i\in J_{\rm O}|f(\pi):\sum w_j(\sigma),\ j\in J_{\rm N}$。

（2）由于产品工艺等要求，初始工件要求各种零件按照一定顺序进行焊接之后再进行退火处理，即初始工件具有平行链优先约束，初始调度中的初始工件之间的加工顺序不可以改变，因此，约束条件为初始调度顺序锁定。即重调度时，初始工件的开始时间和完工时间可以改变，但初始工件之间的相对顺序被锁定，需与初始调度中的顺序一致。加工时间可以提前或者延迟，但要受到释放时间和最大可延迟时间的限制。则重调度问题即以下两个问题：SRRM 问题，$1|r_i,{\rm chains}:w_i(\sigma)\leqslant K,i\in J_{\rm O}|f(\upsilon):w_{\max}(\sigma)$；SRRT 问题，$1|r_i,{\rm chains}:w_i(\sigma)\leqslant K,i\in J_{\rm O}|f(\upsilon):\sum w_j,j\in J$。

（3）重调度时，初始工件的加工时间和加工顺序都可以改变，因此，可以对初始调度进行完全调整。即重调度时初始工件的开始时间、完工时间以及它们之间相对顺序均可以调整。但由于工艺要求，加工时间要受到释放时间和最大可延迟时间的限制。则重调度问题即以下两个问题：RSRM 问题，$1|r_i:w_i(\sigma)\leqslant K,\ i\in J_{\rm O}|w_{\max}:w_{\max}$；RSRT 问题，$1|r_i:w_i(\sigma)\leqslant K,\ i\in J_{\rm O}|\sum w_i(\upsilon^*),\ i\in J_{\rm O}:\sum w_j(\sigma),\ j\in J$。

6.3.3 算法应用实例分析

以某石英玻璃厂为例，每天 24h 实行 3 班倒的制度，下面就以一台机器 24h 工作为例（实际情况不是 24h，最多 12h，一般为 8h，因订单少了），说明前面提出的各种算法求解重调度问题的性能和对能源节约的有效性。

6.3.3.1 初始调度完全锁定的新到工件单机重调度问题实例分析

表 6.1 说明了初始调度完全锁定的新到工件单机重调度问题实例（实例 1）中所有工件的详细信息。J 为工件号，$p_i, i \in J$ 为工件的处理时间，$r_i, i \in J$ 为工件的释放时间，在实例中，初始工件集为{1, 2, ⋯ , 41}，个数为 41；新到工件集为{42, 43, ⋯ , 60}，个数为 19。

初始调度为 $\upsilon = 1\ 2$，⋯，41，且已经锁定。

表 6.1　实例 1 中工件的详细信息

J	p_i/h	r_i/h	J	p_i/h	r_i/h	J	p_i/h	r_i/h	J	p_i/h	r_i/h	J	p_i/h	r_i/h
1	0.26	0	13	0.27	5.42	25	0.40	12.39	37	0.28	17.27	49	0.15	0
2	0.25	0.28	14	0.57	5.6	26	0.44	12.44	38	0.32	17.68	50	0.16	0
3	0.51	0.54	15	0.25	6.47	27	0.41	13.34	39	0.49	17.27	51	0.16	0
4	0.30	1.08	16	0.63	7.37	28	0.49	13.25	40	0.60	17.68	52	0.16	0
5	0.42	1.2	17	0.50	8.47	29	0.63	14.09	41	0.53	17.68	53	0.17	0
6	0.35	1.63	18	0.62	9.05	30	0.29	13.9	42	0.10	0	54	0.17	0
7	0.64	3.04	19	0.59	9.54	31	0.35	15.02	43	0.12	0	55	0.18	0
8	0.46	3.44	20	0.55	9.69	32	0.28	15.47	44	0.12	0	56	0.18	0
9	0.52	3.57	21	0.61	10.12	33	0.62	16.08	45	0.13	0	57	0.18	0
10	0.34	4.42	22	0.31	11.06	34	0.60	16.24	46	0.14	0	58	0.18	0
11	0.48	4.75	23	0.60	10.83	35	0.39	16.23	47	0.14	0	59	0.18	0
12	0.28	4.79	24	0.43	11.93	36	0.40	17.14	48	0.14	0	60	0.19	0

表 6.2 显示了实例 1 分别由 3.2 节 IIT 算法和凭借工人经验手工获得的 $1|r_i: s_i(\sigma)=s_i(\upsilon),\ i\in J_{\mathrm{O}}|\sum w_i(\upsilon),\ i\in J_{\mathrm{O}}: w_{\max}^{\mathrm{N}}(\sigma)$ 重调度问题的序列和目标函数值，由此可见，24h 内 1 台机器上，由 IIT 算法获得的解与凭借工人经验手工获得的解相差 0.31h。

表 6.2 目标为最小化最大等待时间的两种算法解的情况

算法	重调度序列	目标值
IIT 算法	1, ⋯, 6 42 43 44 45 46 47 48 7, ⋯, 15 49 50 51 16 52 53 17, ⋯, 41 54, ⋯, 60	21.38
手工调度	1, ⋯, 6 42 43 44 45 46 47 48 7, ⋯, 15 60 16 49 51 17, ⋯, 41 50 52 53 54, ⋯, 59	21.69

表 6.3 显示了实例 1 分别由 3.3 节算法 II 和凭借工人经验手工获得的 $1|r_i: s_i(\sigma)=s_i(\pi),\ i\in J_{\mathrm{O}}|f(\pi): \sum w_j(\sigma),\ j\in J_{\mathrm{N}}$ 重调度问题的序列和目标函数值，由此可见，24h 内 1 台机器上，由算法 II 获得的解与凭借工人经验手工获得的解相差 25.78h。

表 6.3 目标为最小化等待时间和的两种算法解的情况

算法	重调度序列	目标值
算法 II	42 1, ⋯, 11 46 12, ⋯, 26 53 27, ⋯, 38 45 39, ⋯, 41 43 47 55 43 51 59 49 60 48 50 54 56 58 57	222.63
手工调度	1 42 2, ⋯, 17 46 18, ⋯, 24 47 25, ⋯, 41 43 44 45 48 49 50 51 52, ⋯, 60	248.41

6.3.3.2 初始调度顺序锁定的新到工件单机重调度问题实例分析

表 6.4 说明了初始调度顺序锁定的新到工件单机重调度问题实例（实例 2）中所有工件的详细信息。J 为工件号，$p_i, i\in J$ 为工件的处理时间，$r_i, i\in J$ 为工件的释放时间，在实例中，初始工件集为 {1, 2, ⋯ , 41}，个数为 41；新到工件集为 {42, 43, ⋯ , 60}，个数为 19；初始调度为 $\upsilon=1\ 2,\ \cdots,\ 41$，$K=0.79$ h。

表 6.4　实例 2 中工件的详细信息

J	p_i/h	r_i/h	J	p_i/h	r_i/h	J	p_i/h	r_i/h	J	p_i/h	r_i/h	J	p_i/h	r_i/h
1	0.26	0	13	0.27	4.75	25	0.40	11.06	37	0.28	16.24	49	0.15	0
2	0.25	0.28	14	0.57	4.79	26	0.44	10.83	38	0.32	16.23	50	0.16	0
3	0.51	0.54	15	0.25	5.42	27	0.41	11.93	39	0.49	17.14	51	0.16	0
4	0.30	1.08	16	0.63	5.60	28	0.49	12.39	40	0.60	17.27	52	0.16	0
5	0.42	1.20	17	0.50	6.47	29	0.63	12.44	41	0.53	17.68	53	0.17	0
6	0.35	1.63	18	0.62	7.21	30	0.29	13.34	42	0.10	0	54	0.17	0
7	0.64	2.21	19	0.59	7.37	31	0.35	13.25	43	0.12	0	55	0.18	0
8	0.46	2.25	20	0.55	8.47	32	0.28	14.09	44	0.12	0	56	0.18	0
9	0.52	3.09	21	0.61	9.05	33	0.62	13.90	45	0.13	0	57	0.18	0
10	0.34	3.44	22	0.31	9.54	34	0.60	15.02	46	0.14	0	58	0.18	0
11	0.48	3.57	23	0.60	9.69	35	0.39	15.47	47	0.14	0	59	0.18	0
12	0.28	4.42	24	0.43	10.12	36	0.40	16.08	48	0.14	0	60	0.19	0

表 6.5 显示了实例 2 分别由 4.2 节 SIH 算法、BB 算法和凭借工人经验手工获得的 $1|r_i,\text{chains}:w_i(\sigma)\leqslant K,i\in J_O|f(\upsilon):w_{\max}(\sigma)$ 重调度问题的序列和目标函数值，由此可见，24h 内 1 台机器上，由 BB 算法获得的最优解与凭借工人经验手工获得的解相差 1.97h。

表 6.5　三种算法解的情况

算法	重调度序列	目标值
SIH 算法	42　1, ···, 11　46　12, ···, 26　53　27, ···, 38　45　39, ···, 41　43　44　47, ···, 52　54, ···, 60	21.10
BB 算法	53　1, ···, 10　47　11, ···, 26　42　27, ···, 33　46　34, ···, 38　45　39, ···, 43　44　48, ···, 52　54, ···, 60	19.17
手工调度	1　42　2, ···, 17　46　18, ···, 24　47　25, ···, 41　43　44　45　48　49　50　51　52, ···, 60	21.14

表 6.6 显示了实例 2 分别由 MILP（CPLEX）、RAGA、启发式算法和凭借工人经验手工获得的 $1|r_i,\text{chains}:w_i(\sigma)\leqslant K,i\in J_O|f(\upsilon):\sum w_j,j\in J$ 重调度问题的序列和目标函数值，由此可见，24h 内 1 台机器上，由 MILP（CPLEX）和 RAGA 获得的最优解与凭借工人经验手工获得的解相差 48.99h。

表 6.6 四种算法解的情况

算法	重调度序列	目标值
CPLEX	53 1, ⋯, 10 47 11, ⋯, 26 42 27, ⋯, 33 46 34, ⋯, 38 45 39, ⋯, 41 55 44 43 52 51 59 49 60 56 58 50 54 48 57	339.01
RAGA	53 1, ⋯, 10 47 11, ⋯, 26 42 27, ⋯, 33 46 34, ⋯, 38 45 39, ⋯, 41 55 44 43 52 51 59 49 60 56 58 50 54 48 57	339.01
启发式算法	42 1, ⋯, 11 46 12, ⋯, 26 53 27, ⋯, 38 45 39, ⋯, 41 43 47 55 43 51 59 49 60 48 50 54 56 58 57	342.17
手工调度	1 42 2, ⋯, 17 46 18, ⋯, 24 47 25, ⋯, 41 43 44 45 48 49 50 51 52, ⋯, 60	388.00

6.3.3.3 初始调度完全调整的新到工件单机重调度问题实例分析

表 6.7 说明了初始调度完全调整的新到工件单机重调度问题实例（实例 3）中所有工件的详细信息。J 为工件号，$p_i, i\in J$ 为工件的处理时间，$r_i, i\in J$ 为工件的释放时间，在实例中，初始工件集为{1, 2, ⋯ , 41}，个数为 41；新到工件集为{42, 43, ⋯ , 60}，个数为 19；初始调度为$\upsilon = 1\ 2, \cdots, 41$，$K = 0.79\,\text{h}$。

表 6.7 实例 3 中工件的详细信息

J	p_i/h	r_i/h	J	p_i/h	r_i/h	J	p_i/h	r_i/h	J	p_i/h	r_i/h	J	p_i/h	r_i/h
1	0.26	0	13	0.27	4.75	25	0.40	11.06	37	0.28	16.24	49	0.15	0
2	0.25	0.28	14	0.57	4.79	26	0.44	10.83	38	0.32	16.23	50	0.16	0
3	0.51	0.54	15	0.25	5.42	27	0.41	11.93	39	0.49	17.14	51	0.16	0
4	0.30	1.08	16	0.63	5.60	28	0.49	12.39	40	0.60	17.27	52	0.16	0
5	0.42	1.20	17	0.50	6.47	29	0.63	12.44	41	0.53	17.68	53	0.17	0
6	0.35	1.63	18	0.62	7.21	30	0.29	13.34	42	0.10	0	54	0.17	0
7	0.64	2.21	19	0.59	7.37	31	0.35	13.25	43	0.12	0	55	0.18	0
8	0.46	2.25	20	0.55	8.47	32	0.28	14.09	44	0.12	0	56	0.18	0
9	0.52	3.09	21	0.61	9.05	33	0.62	13.90	45	0.13	0	57	0.18	0
10	0.34	3.44	22	0.31	9.54	34	0.60	15.02	46	0.14	0	58	0.18	0
11	0.48	3.57	23	0.60	9.69	35	0.39	15.47	47	0.14	0	59	0.18	0
12	0.28	4.42	24	0.43	10.12	36	0.40	16.08	48	0.14	0	60	0.19	0

表 6.8 显示了实例 3 分别由 5.2 节启发式算法、BB 算法、GAGP 和凭借工人经验手工获得的$1\,|\,r_i : w_i(\sigma) \leqslant K,\ i \in J_O\,|\,w_{\max} : w_{\max}$重调度问题的序列和目标函数

值，由此可见，24h 内 1 台机器上，由 BB 算法和 GAGP 获得的最优解与凭借工人经验手工获得的解相差 1.97h。

表 6.8 目标为最小化最大等待时间的四种算法解的情况

算法	重调度序列	目标值
启发式算法	42 1, …, 11 46 13 12 14, …, 26 53 27, …, 38 45 39, …, 41 43 47 55 43 51 59 49 60 48 50 54 56 58 57	21.10
BB 算法	53 1, …, 10 47 11 13 12 14, …, 26 42 27, …, 33 46 34, …, 38 45 39, …, 41 55 44 43 52 51 59 49 60 56 58 50 54 48 57	19.17
GAGP	53 1, …, 10 47 11 13 12 14, …, 26 42 27, …, 33 46 34, …, 38 45 39, …, 41 55 44 43 52 51 59 49 60 56 58 50 54 48 57	19.17
手工调度	1 42 2, …, 17 46 18, …, 24 47 25, …, 41 43 44 45 48 49 50 51 52, …, 60	21.14

表 6.9 显示了实例 3 分别由 5.3 节 DIH 算法和凭借工人经验手工获得的 $1|r_i:w_i(\sigma)\leqslant K,\ i\in J_O|\sum w_i(\upsilon^*),\ i\in J_O:\sum w_j(\sigma),\ j\in J$ 重调度问题的序列和目标函数值，由此可见，24h 内 1 台机器上，由 DIH 算法获得的解与凭借工人经验手工获得的解相差 43.32h。

表 6.9 目标为最小化等待时间和的四种算法解的情况

算法	重调度序列	目标值
DIH 算法	42 1, …, 11 46 13 12 14, …, 26 53 27, …, 38 45 39, …, 41 43 47 55 43 51 59 49 60 48 50 54 56 58 57	344.67
手工调度	1 42 2, …, 17 46 18, …, 24 47 25, …, 41 43 44 45 48 49 50 51 52, …, 60	387.99

在石英玻璃厂，每条生产线年产量约为 5000t（具体产量不确定，因都是小型部件产品，远小于 5000t），石英玻璃的比热为 0.8kJ/（kg·K），零件预热后的冷却速率平均在每小时 30～40℃。因此，在以上研究的实例 1～实例 3 中，应用本书提出的算法与凭借工人经验手工获得的解相比，每条生产线每年最少可以节省 4.65×10^7～0.62×10^8kJ 的能量，最多可以节省 21.67×10^{12}～22.39×10^{12}kJ 的能量。由此可见，此项研究对于企业节省成本和节约能源具有重要的现实意义。

6.4 本 章 小 结

本章根据石英玻璃制品的工艺特点，以退火焊接工位为实例，应用工厂的实际生产数据，测试了本书提出的不同算法以及车间实际凭借工人经验手工调度方法，分别求解了本书研究的初始调度调整受限的新到工件重调度问题的性能，试验数据说明了本书所提出算法的有效性。重调度问题某石英玻璃厂具有实际案例分析也表明，不同算法获得的解对于节约能源的效果明显不同，说明了该项研究具有实际应用价值。

7 总结与进展

本章首先总结了前几章的研究成果，然后提出了下一步的研究空间和研究计划，具体论述了目前正在开展的研究内容。

7.1 总结与展望

本书从企业生产实际需求出发，以某石英玻璃厂车间中的焊接工位为背景，针对单机环境下，带有热处理工件离散制造企业中，以节约能源为优化目标，由于新到工件需要对初始调度进行重调度的问题，进行了深入的研究。该项研究不仅可以解决当前企业和社会的实际需求，而且可以为重调度研究提供一定的理论支撑。

本书具体研究了单机环境下，已知初始调度中，初始工件带有不同释放时间，一组新到工件在满足初始工件等待加工时间受限的条件下，需要插入初始调度进行加工，目标为优化所有工件等待时间的重调度问题。所取得的成果如下。

（1）研究了初始调度完全锁定的新到工件单机重调度问题。首先针对目标为最小化新到工件最大等待时间的问题建立了该类问题的数学模型，证明了该类问题是 NP 难问题。根据所提出的问题性质，设计了一种基于插入模式的启发式算法求解该问题，并证明了该算法的最优性条件。进而，针对目标为最小化新到工件等待时间和的问题，提出了两类问题的数学模型，针对第一类问题提出并证明了准确求解的多项式时间算法。针对第二类问题，首先证明了该问题为 NP 完全问题，进而提出了一个启发式算法，并证明了该算法可以获得一类特殊问题的最优解，又讨论了该启发式算法在求解一般的问题时获得最优解的特征。

（2）研究了初始调度顺序锁定的新到工件单机重调度问题。首先针对目标为最小化所有工件最大等待时间的问题建立了该类问题的数学模型，理论上分析了该问题的复杂度，提出了对于开发算法十分有用的结构化性质，而且证明了所提出的算法针对八类特殊问题的最优性和3/2最优性。设计了合理的数值试验，通过与提出的BB算法获得的最优解进行比较，测试SIH算法的执行性能。试验结果表明BB算法仅能解决小规模的问题，而SIH算法在求解一般的问题上表现了出色的性能。接着，针对目标为最小化所有工件等待时间和的问题，建立了两类混合规划模型，提出并证明了该类问题的性质，开发了三种求解算法并证明了启发式算法能够获得六种特殊问题的最优解。设计并实施了大量的数值试验，测试了提出的两类MILP（CPLEX）、启发式算法和RAGA的求解性能。经过测试，应用CPLEX运行问题的第二类MILP，是求解小规模问题的最优解的最佳选择；RAGA的求解性能非常出色，可以在满意的时间内求得问题的近优解。最后对某石英玻璃厂的实际案例进行分析，进一步体现算法性能对实际生产的影响。

（3）研究了初始调度完全调整的新到工件单机重调度问题。首先针对目标为最小化所有工件最大等待时间的问题建立了该类问题的数学模型，提出并证明了问题的九个最优解性质和结构化性质。利用提出的问题性质，分别设计开发了BB算法、启发式算法和GAGP用于问题求解。提出的启发式算法可以求得两大类特殊问题的最优解和一类特殊问题的近似解。通过设计实施大量的数值试验表明，BB算法可用于求解小规模问题，GAGP与启发式算法相比表现出更好的求解性能，可用于求解一般的大规模问题。然后，针对目标为最小化所有工件等待时间和的问题，建立了问题的数学模型，讨论了该问题的复杂度，并证明了该问题为NP难问题。提出并证明了三个问题的最优解性质，在此基础上设计了一个启发式算法，描述了算法的具体步骤和流程图。应用该算法对两个特殊的问题进行求解，证明了该算法的最优性。最后，针对一般的问题，根据提出的算法得到解的特征，给出了最优解的判定证明，利用算例阐述所提出的算法获得的最优解情况，并介绍一般情况下算法的求解过程。

（4）以某石英玻璃厂的焊接工位为实例进行案例分析。通过对石英玻璃制品的实际应用和加工工艺特点的具体分析，针对石英玻璃制品焊接工位加工流程中，存在的初始调度调整受限的新到工件重调度问题，利用本书提出的优化方法，通过实际生产数据对其进行测试分析，表明了各种方法的性能，也说明了本书研究的实际应用价值。

然而本书仅研究了单机环境下的新工件到达，优化等待时间为目标的重调度问题。在实际生产中还存在复杂生产环境下，由于工件其他方面突发事件需要进行重调度的情况，而且为了实现经济效益和节能环保，仅考虑等待时间的单目标远远不够，因此，在总结本书所取得的研究成果和分析目前国内外重调度问题的研究现状的基础上，以进一步解决企业实际需求为目的，未来可从以下几个方面进一步展开研究。

（1）针对本书研究的单机重调度问题，设计效果更佳的求解算法。

（2）新到工件带有不同释放时间的单机重调度问题。

（3）部分初始工件取消加工的单机重调度问题。

（4）优化经济和节能的双目标单机重调度问题。

（5）多机等复杂生产环境下的重调度问题。

7.2　当前研究内容

之前的研究内容均考虑的是有新工件到达的情况下进行的重调度，然而，在实际生产中，即使只考虑工件方面的情况也是非常复杂的。因此，扩展之前的研究内容，作者目前正在研究工件发生增量任务（增量可以为正，也可以为负）的情况，增量任务中不仅需要优化调度方案，而且需要解决如何选取参与优化调度的任务（即确定对哪些新任务和初始任务进行优化调度）。

仍以某石英玻璃厂热加工车间的退火焊工位为例，图 7.1 展示了该工位基于增量任务的重调度问题。初始调度即初始任务加工顺序已知，根据工艺的高温要求，在退火焊之前需将石英玻璃零件预热到一定温度，因此，初始任务和新任务具有不同释放时间（需返工的任务不需要预热，因此释放时间为 0）。当有增量任务发生时，需要对初始调度进行调整。对初始调度的调整产生的费用包括：在资源充足的情况下，由于客户订单取消、更改等取消部分初始订单使初始任务交货期提前的库存费用，为了加工某些新任务使初始任务交货期延后则产生拖期惩罚费用等干扰初始调度造成的各种费用；在资源有限的情况下，为了加工某些新任务需取消部分初始订单的惩罚费用、初始任务交货期提前的库存费用、初始任务交货期延后则产生拖期惩罚费用等干扰初始调度造成的各种费用。而退火焊需要将焊接好的任务加热到更高的温度进行退火处理，除了最基本的能源消耗外，预热后的温度会随着任务等待加工时间的增加而逐渐降低，则升温到退火温度便需要更多的能耗，因此，如何在满足各种约束条件的前提下进行重调度(即确定所有任务的加工顺序或开始加工时间)，从而优化节能和经济效益的多目标，即作者目前研究的主要内容。再如，半导体制造业的烧结工位、陶瓷制品加工、钢铁铸件等很多带有热处理工艺的离散制造系统均属此类问题。

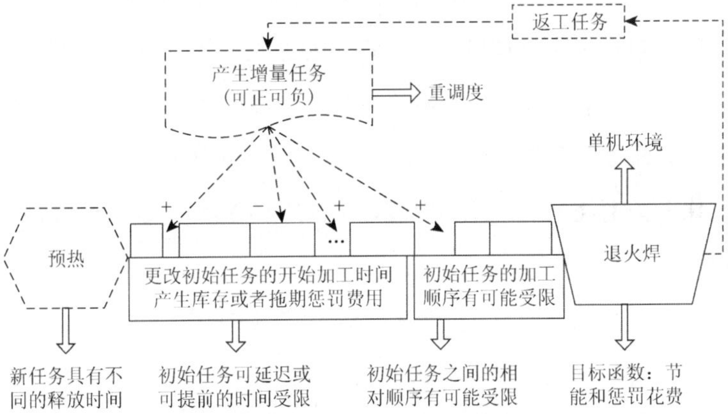

图 7.1　石英玻璃厂的重调度问题

作者目前研究了针对离散热处理系统中基于增量任务，优化能源节约和经济效益的多目标重调度问题，融合机理研究多种建模方法，开发具有普适性求解该类问题的精确算法和近似算法，建立基于增量任务的重调度理论研究框架。同时该项研究问题成果还可推广到其他具有弹性等待时间特点的重调度问题。

具体的研究内容如下。

如图 7.2 所示，研究了带有热处理工艺的离散制造系统中，单机环境下优化能源消耗和经济效益，三类增量任务、两类资源约束，共五个重调度问题的离散系统增量任务多目标协同优化问题。

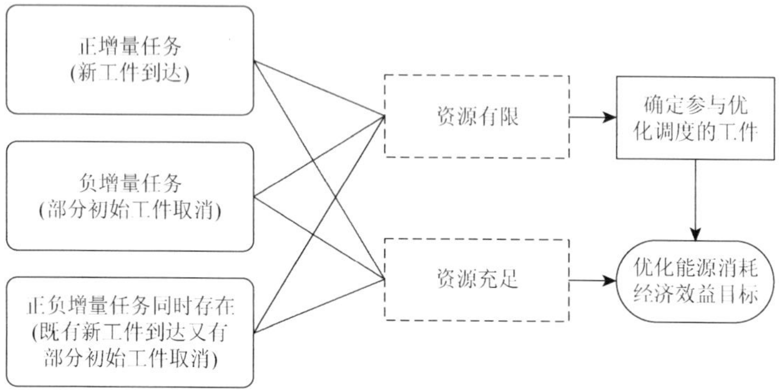

图 7.2　作者目前的主要研究问题

（1）增量任务为正，即有一组新任务到达，资源充足的情况下，优化能源消耗和经济效益的多目标单机重调度问题。在资源充足的情况下，新到一组任务需要插入当前调度计划进行加工，此时需要对初始调度进行调整，选择需调整的初始任务，并进一步明确其新的开始加工时间；确定所有新任务的开始加工时间，目标是获得最小化能源消耗、初始任务提前完工的库存费用以及初始任务延期的惩罚费用加权线性组合的重调度。

（2）增量任务为正，即有一组新任务到达，资源有限的情况下，优化能源消耗和经济效益的多目标单机重调度问题。在资源有限的情况下，新到一组任务需要插入当前调度计划进行加工，此时需要选择取消加工的初始任务以及调整的初始任务，进一步明确需调整初始任务的新开始加工时间；选择加工的新任务（可以选择部分新任务），并明确其开始加工时间，目标是获得最小化能源消耗、初始任务提前完工的库存费用以及初始任务取消或延期惩罚费用的加权线性组合的重调度。

（3）增量任务为负，即有部分初始任务取消，资源充足的情况下，优化能源消耗和经济效益的多目标单机重调度问题。由于客户订单取消、更改等，有部分初始任务需要取消加工，所以不存在资源有限的条件约束，只需确定剩余需要加工的初始任务新的开始加工时间，目标是获得最小化能源消耗与初始任务提前完工库存费用的加权线性组合的重调度。

（4）正负增量任务同时存在，即既有新任务到达又有部分初始任务取消，资源充足的情况下，优化能源消耗和经济效益的多目标单机重调度问题。在资源充足的情况下，有部分初始任务取消加工，同时新到一组新任务需要安排进行加工，此时需要对初始调度进行调整，去除已取消的初始任务，并选择需调整的初始任务，进一步明确其新的开始加工时间；确定所有新任务的开始加工时间，目标是获得最小化能源消耗、初始任务提前完工的库存费用以及初始任务延期的惩罚费用加权线性组合的重调度。

（5）正负增量任务同时存在，即既有新任务到达又有部分初始任务取消，资源有限的情况下，优化能源消耗和经济效益的多目标单机重调度问题。在资源有限的情况下，有部分初始任务取消加工，同时新到一组新任务需要安排进行加工，此时需要对初始调度进行调整，去除已取消的初始任务。确定预取消加工的初始任务（可以有选择地放弃初始任务的加工）以及调整的初始任务，进一步明确被调整初始任务的新开始加工时间；选择加工的新任务（可以选择部分新任务），并确定其开始加工时间，目标是获得最小化能源消耗、初始任务提前完工的库存费用以及初始任务取消或延期的惩罚费用加权线性组合的重调度。

参 考 文 献

[1] Vieira G E, Herrmann J W, Lin E. Rescheduling manufacturing systems：A framework of strategies, policies, and methods. Journal of Scheduling, 2003, 6（1）：39-62.

[2] McKay K N, Pinedo M, Webster S. Practice-focused research issues for scheduling systems. Production and Operations Management, 2002, 11（2）：249-258.

[3] 廖华. 中外热处理工艺现状和趋势. http：//www.njliaohua.com/lhd_085578ozfe7f2vc1ufyu_2.html[2012-7-9].

[4] Pinedo M L. Scheduling：Theory, Algorithms, and Systems. Second Edition. New Jersey：Prentice-Hall, 2002.

[5] Pinedo M L. Planning and Scheduling in Manufacturing and Services. New York：Springer, 2005.

[6] Graham R L, Lawler E L, Lenstra J K, et al. Optimization and approximation in the deterministic sequencing and scheduling：A survey. Annals of Discrete Mathematics, 1979, 5：287-326.

[7] 张智海. 调度：原理、算法和系统. 第 2 版. 北京：清华大学出版社, 2007.

[8] Chen B, Potts C N, Woeginger G J. A review of machine scheduling：Complexity, algorithms and approximability//Handbook of Combinatorial Optimization. New York：Springer, 1999.

[9] Jackson J R. Scheduling a production line to minimize maximum tardiness. Research Report 43, Management Science Research Project, University of California, Los Angeles, USA, 1955.

[10] Smith W E. Various optimizers for single-stage production. Naval Research Logistics, 1956, 3（1-2）：59-66.

[11] Maxwell W L. The scheduling of single machine systems：A review. The International Journal of Production Research, 1964, 3（3）：177-199.

[12] Koulamas C. The single-machine total tardiness scheduling problem：Review and extensions. European Journal of Operational Research, 2010, 202（1）：1-7.

[13] Senthilkumar P, Narayanan S. Literature review of single machine scheduling problem with uniform parallel machines. Intelligent Information Management, 2010, 2（8）：457-474.

[14] Quan O Y, Xu H Y. The review of the single machine scheduling problem and its solving methods. Applied Mechanics and Materials, 2013, 411：2081-2084.

[15] Garey M R, Tarjan R E, Wilfong G T. One-processor scheduling with symmetric earliness and

tardiness penalties. Mathematics of Operations Research, 1988, 13（2）：330-348.

[16] 赵晓丽，唐立新. 带有线性恶化工件和释放时间的两个代理单机调度问题. 自动化学报，2015, 41（1）：104-112.

[17] Köksalan M, Kondakci S K. Multiple criteria scheduling on a single machine：A review and a general approach//Essays in Decision Making. Berlin：Springer, 1997.

[18] Chen C L, Bulfin R L. Complexity of single machine, multi-criteria scheduling problems. European Journal of Operational Research, 1993, 70（1）：115-125.

[19] Fry T D, Armstrong R D, Lewis H. A framework for single machine multiple objective sequencing research. Omega, 1989, 17（6）：595-607.

[20] Gupta S K, Kyparisis J. Single machine scheduling research. Omega, 1987, 15（3）：207-227.

[21] Lee C Y, Vairaktarakis G L. Complexity of single machine hierarchical scheduling：A survey. Complexity in Numerical Optimization, 1993, 19：269-298.

[22] Nagar A, Haddock J, Heragu S. Multiple and bicriteria scheduling：A literature survey. European Journal of Operational Research, 1995, 81（1）：88-104.

[23] Van Wassenhove L N, Gelders L F. Solving a bicriterion scheduling problem . European Journal of Operational Research, 1980, 4（1）：42-48.

[24] Koulamas C. A faster fully polynomial approximation scheme for the single-machine total tardiness problem. European Journal of Operational Research, 2009, 193（2）：637-638.

[25] Allahverdi A, Ng C T, Cheng T C E, et al. A survey of scheduling problems with setup times or costs . European Journal of Operational Research, 2008, 187（3）：985-1032.

[26] Abdul-Razaq T S, Potts C N, Van Wassenhove L N. A survey of algorithms for the single machine total weighted tardiness scheduling problem. Discrete Applied Mathematics, 1990, 26（2）：235-253.

[27] Khowala K, Fowler J, Keha A, et al. Single machine scheduling with interfering job sets. Computers & Operations Research, 2014, 45：97-107.

[28] Cheng T C E, Ng C T, Yuan J J, et al. Single machine scheduling to minimize total weighted tardiness. European Journal of Operational Research, 2005, 165（2）：423-443.

[29] Potts C N, Van Wassenhove L N. A decomposition algorithm for the single machine total tardiness problem. Operations Research Letters, 1982, 1（5）：177-181.

[30] Dyer M E, Wolsey L A. Formulating the single machine sequencing problem with release dates as a mixed integer program. Discrete Applied Mathematics, 1990, 26（2）：255-270.

[31] Keha A B, Khowala K, Fowler J W. Mixed integer programming formulations for single machine scheduling problems. Computers & Industrial Engineering, 2009, 56（1）：357-367.

[32] Potts C N, Van Wassenhove L N. Dynamic programming and decomposition approaches for the single machine total tardiness problem. European Journal of Operational Research, 1987,

32（3）：405-414.

[33] Li G. Single machine earliness and tardiness scheduling. European Journal of Operational Research, 1997, 96（3）：546-558.

[34] Anghinolfi D, Paolucci M. A new discrete particle swarm optimization approach for the single-machine total weighted tardiness scheduling problem with sequence-dependent setup times. European Journal of Operational Research, 2009, 193（1）：73-85.

[35] Kolliopoulos S G, Steiner G. Approximation algorithms for minimizing the total weighted tardiness on a single machine. Theoretical Computer Science, 2006, 355（3）：261-273.

[36] Blazewicz J, Dror M, Weglarz J. Mathematical programming formulations for machine scheduling：A survey. European Journal of Operational Research, 1991, 51（3）：283-300.

[37] Tasgetiren M F, Pan Q K, Liang Y C. A discrete differential evolution algorithm for the single machine total weighted tardiness problem with sequence dependent setup times. Computers & Operations Research, 2009, 36（6）：1900-1915.

[38] Liaw C F. A branch-and-bound algorithm for the single machine earliness and tardiness scheduling problem. Computers & Operations Research, 1999, 26（7）：679-693.

[39] Su L H, Chen C J. Minimizing total tardiness on a single machine with unequal release dates. European Journal of Operational Research, 2008, 186（2）：496-503.

[40] Kellerer H, Strusevich V A. A fully polynomial approximation scheme for the single machine weighted total tardiness problem with a common due date. Theoretical Computer Science, 2006, 369（1）：230-238.

[41] Tian Z J, Ng C T, Cheng T C E. On the single machine total tardiness problem. European Journal of Operational Research, 2005, 165（3）：843-846.

[42] Ibaraki T, Nakamura Y. A dynamic programming method for single machine scheduling. European Journal of Operational Research, 1994, 76（1）：72-82.

[43] Biskup D. Single-machine scheduling with learning considerations. European Journal of Operational Research, 1999, 115（1）：173-178.

[44] Van den Bergh J, Beliën J, De Bruecker P, et al. Personnel scheduling：A literature review. European Journal of Operational Research, 2013, 226（3）：367-385.

[45] Akturk M S, Ilhan T. Single CNC machine scheduling with controllable processing times to minimize total weighted tardiness. Computers & Operations Research, 2011, 38（4）：771-781.

[46] Altunc A B C, Keha A B. Interval-indexed formulation based heuristics for single machine total weighted tardiness problem. Computers & Operations Research, 2009, 36（6）：2122-2131.

[47] Vakhania N, Werner F. Minimizing maximum lateness of jobs with naturally bounded job data on a single machine in polynomial time. Theoretical Computer Science, 2013, 501：72-81.

[48] Mahnam M, Moslehi G, Ghomi S M T F. Single machine scheduling with unequal release times

and idle insert for minimizing the sum of maximum earliness and tardiness. Mathematical and Computer Modelling, 2013, 57（9）：2549-2563.

[49] Schaller J, Valente J M S. Minimizing the weighted sum of squared tardiness on a single machine. Computers & Operations Research, 2012, 39（5）：919-928.

[50] Carlier J. The one-machine sequencing problem. European Journal of Operational Research, 1982, 11（1）：42-47.

[51] Potts C N. Analysis of a heuristic for one machine sequencing with release dates and delivery times. Operations Research, 1980, 28（6）：1436-1441.

[52] Lee C Y. Minimizing makespan on a single batch processing machine with dynamic job arrivals. International Journal of Production Research, 1999, 37（1）：219-236.

[53] Carlier J, Hermès F, Moukrim A, et al. Exact resolution of the one-machine sequencing problem with no machine idle time. Computers & Industrial Engineering, 2010, 59（2）：193-199.

[54] Bianco L, Ricciardelli S. Scheduling of a single machine to minimize total weighted completion time subject to release dates. Naval Research Logistics, 1982, 29（1）：151-167.

[55] Hariri A M A, Potts C N. An algorithm for single machine sequencing with release dates to minimize total weighted completion time. Discrete Applied Mathematics, 1983, 5（1）：99-109.

[56] Nessah R, Kacem I. Branch-and-bound method for minimizing the weighted completion time scheduling problem on a single machine with release dates. Computers & Operations Research, 2012, 39（3）：471-478.

[57] Sadfi C, Penz B, Rapine C, et al. An improved approximation algorithm for the single machine total completion time scheduling problem with availability constraints. European Journal of Operational Research, 2005, 161（1）：3-10.

[58] Emmons H. One-machine sequencing to minimize certain functions of job tardiness. Operations Research, 1969, 17（4）：701-715.

[59] Panwalkar S S, Smith M L, Seidmann A. Common due date assignment to minimize total penalty for the one machine scheduling problem. Operations Research, 1982, 30（2）：391-399.

[60] Ernesto G B, Débora P R. Heuristic methods for the single machine scheduling problem with different ready times and a common due date. Engineering Optimization, 2012, 44（10）：1197-1208.

[61] Valente J M S, Schaller J E. Improved heuristics for the single machine scheduling problem with linear early and quadratic tardy penalties. European Journal of Industrial Engineering, 2010, 4（1）：99-129.

[62] Wang X, Tang L. A population-based variable neighborhood search for the single machine total weighted tardiness problem. Computers & Operations Research, 2009, 36（6）：2105-2110.

[63] Baker K R, Keller B. Solving the single-machine sequencing problem using integer programming. Computer & Industrial Engineering, 2010, 59（4）：730-735.

[64] Villarreal F J, Bulfin R L. Scheduling a single machine to minimize the weighted number of tardy jobs. IIE Transactions, 1983, 15（4）：337-343.

[65] Moore J M. An *n* jobs, one machine sequencing algorithm for minimizing the number of late jobs. Management Science, 1968, 15（1）：102-109.

[66] Sevaus M, Dauzère-Pérès S. Genetic algorithms to minimize the weighted number of late jobs on a single machine. European Journal of Operational Research, 2003, 151（2）：296-306.

[67] Baptiste P, Peridy L, Pinson E. A branch and bound to minimize the number of late jobs on a single machine with release time constraints. European Journal of Operational Research, 2003, 144（1）：1-11.

[68] Dauzère-Pérès S, Sevaus M. Using Lagrangean relaxation to minimize the weighted number of late jobs on a single machine. Naval Research Logistics, 2003, 50（3）：273-288.

[69] Yamamoto M, Nof S Y. Scheduling/rescheduling in the manufacturing operating system environment. International Journal of Production Research, 1985, 23（4）：705-722.

[70] Leon V J. Game-theoretic control and robust scheduling of job-shops in the presence of disruptions. Unpublished Dissertation, Lehigh University, Bethlehem, Pennsylvania, 1991.

[71] Wu S D, Storer R H, Chang P C. A rescheduling procedure for manufacturing systems under random disruptions//New Directions for Operations Research in Manufacturing. Berlin：Springer, 1992.

[72] Zweben M, Davis E, Daun B, et al. Scheduling and rescheduling with iterative repair. IEEE Transactions on Systems, Man and Cybernetics, 1993, 23（6）：1588-1596.

[73] Li R K, Shyu Y T, Adiga S. A heuristic rescheduling algorithm for computer-based production scheduling systems. The International Journal of Production Research, 1993, 31（8）：1815-1826.

[74] Unal A T, Uzsoy R, Kiran A S. Rescheduling on a single machine with part-type dependent setup times and deadlines. Annals of Operations Research, 1997, 70：93-113.

[75] Abumaizar R J, Svestka J A. Rescheduling job shops under random disruptions. International Journal of Production Research, 1997, 35（7）：2065-2082.

[76] Jain A K, Elmaraghy H A. Production scheduling/rescheduling in flexible manufacturing. International Journal of Production Research, 1997, 35（1）：281-309.

[77] Bierwirth C, Mattfeld D C. Production scheduling and rescheduling with genetic algorithms. Evolutionary Computation, 1999, 7（1）：1-17.

[78] Li H, Li Z, Li L X, et al. A production rescheduling expert simulation system. European Journal of Operational Research, 2000, 124（2）：283-293.

[79] Curry J, Peters B. Rescheduling parallel machines with stepwise increasing tardiness and machine assignment stability objectives. International Journal of Production Research, 2005, 43（15）：3231-3246.

[80] Rangsaritratsamee R, Ferrell W G, Kurz M B. Dynamic rescheduling that simultaneously considers efficiency and stability. Computers & Industrial Engineering, 2004, 46（1）：1-15.

[81] Vieira G E, Herrmann J W, Lin E. Predicting the performance of rescheduling strategies for parallel machine systems. Journal of Manufacturing Systems, 2000, 19（4）：256-266.

[82] Alagöz O, Azizoğlu M. Rescheduling of identical parallel machines under machine eligibility constraints. European Journal of Operational Research, 2003, 149（3）：523-532.

[83] Mason S J, Jin S, Wessels C M. Rescheduling strategies for minimizing total weighted tardiness in complex job shops. International Journal of Production Research, 2004, 42（3）：613-628.

[84] Silva C A, Sousa J M C, Runkler T A. Rescheduling and optimization of logistic processes using GA and ACO. Engineering Applications of Artificial Intelligence, 2008, 21（3）：343-352.

[85] Honghong Y, Zhiming W. The application of adaptive genetic algorithms in FMS dynamic rescheduling. International Journal of Computer Integrated Manufacturing, 2003, 16（6）：382-397.

[86] Li Y C E, Shaw W H. Simulation modeling of a dynamic job shop rescheduling with machine availability constraints. Computers & Industrial Engineering, 1998, 35（1）：117-120.

[87] Azizoglu M, Alagöz O. Parallel-machine rescheduling with machine disruptions. IIE Transactions, 2005, 37（12）：1113-1118.

[88] Hu Y H, Yan J Q, Ye F F, et al. Flow shop rescheduling problem under rush orders. Journal of Zhejiang University Science, 2005, 6（10）：1040-1046.

[89] Özlen M, Azizoğlu M. Generating all efficient solutions of a rescheduling problem on unrelated parallel machines. International Journal of Production Research, 2009, 47（19）：5245-5270.

[90] Liu S S, Shih K C. Construction rescheduling based on a manufacturing rescheduling framework. Automation in Construction, 2009, 18（6）：715-723.

[91] Caricato P, Grieco A. An online approach to dynamic rescheduling for production planning applications. International Journal of Production Research, 2008, 46（16）：4597-4617.

[92] Katragjini K, Vallada E, Ruiz R. Flow shop rescheduling under different types of disruption. International Journal of Production Research, 2013, 51（3）：780-797.

[93] Dong Y H, Jang J. Production rescheduling for machine breakdown at a job shop. International Journal of Production Research, 2012, 50（10）：2681-2691.

[94] Arnaout J P, Rabadi G. Rescheduling of unrelated parallel machines under machine breakdowns. International Journal of Applied Management Science, 2008, 1（1）：75-89.

[95] Özlen M, Azizoğlu M. Rescheduling unrelated parallel machines with total flow time and total

disruption cost criteria. Journal of the Operational Research Society, 2011, 62（1）：152-164.

[96] Cui N, Tian W, Bie L. Rescheduling after inserting the buffer in the critical chain scheduling. Logistics Systems and Intelligent Management, 2010 International Conference on. IEEE, 2010, 2：1105-1110.

[97] Munawar S A, Gudi R D. A multilevel, control-theoretic framework for integration of planning, scheduling, and rescheduling. Industrial & Engineering Chemistry Research, 2005, 44（11）：4001-4021.

[98] Kuster J, Jannach D, Friedrich G. Applying local rescheduling in response to schedule disruptions. Annals of Operations Research, 2010, 180（1）：265-282.

[99] Wong T N, Leung C W, Mak K L, et al. Integrated process planning and scheduling/rescheduling-An agent-based approach. International Journal of Production Research, 2006, 44（18-19）：3627-3655.

[100] Herrmann J W. Rescheduling strategies, policies, and methods//Handbook of Production Scheduling. New York：Springer, 2006.

[101] Perez-Gonzalez P, Framinan J M. A common framework and taxonomy for multicriteria scheduling problems with interfering and competing jobs：Multi-agent scheduling problems. European Journal of Operational Research, 2014, 235（1）：1-16.

[102] Cacchiani V, Huisman D, Kidd M, et al. An overview of recovery models and algorithms for real-time railway rescheduling. Transportation Research Part B：Methodological, 2014, 63：15-37.

[103] Sarker B R, Jamal A M M, Mondal S. Optimal batch sizing in a multi-stage production system with rework consideration. European Journal of Operational Research, 2008, 184（3）：915-929.

[104] Haji R, Haji B. Optimal batch production for a single machine system with accumulated defectives and random rate of rework. Journal of Industrial and Systems Engineering, 2010, 3（4）：243-256.

[105] Daniels R L, Kouvelis P. Robust scheduling to hedge against processing time uncertainty in single-stage production. Management Science, 1995, 41（2）：363-376.

[106] Webster S, Baker K R. Scheduling groups of jobs on a single machine. Operations Research, 1995, 43（4）：692-703.

[107] Yan Y, Wang D Z, Wang D W, et al. Single machine group scheduling problems with the effects of deterioration and learning. Acta Automatica Sinica, 2009, 35（10）：1290-1295.

[108] 赵玉芳, 唐立新. 释放时间和工期同序的单机连续型批调度问题. 自动化学报, 2008, 34（8）：957-963.

[109] Moratori P, Petrovic S, Vázquez-Rodríguez J A. Match-up approaches to a dynamic rescheduling problem. International Journal of Production Research, 2012, 50（1）：261-276.

[110] Zakaria Z, Petrovic S. Genetic algorithms for match-up rescheduling of the flexible manufacturing systems. Computers & Industrial Engineering, 2012, 62（2）：670-686.

[111] Moratori P, Petrovic S, Vázquez A. Match-up strategies for job shop rescheduling. New Frontiers in Applied Artificial Intelligence, 2008：119-128.

[112] Vieira G E, Herrmann J W, Lin E. Analytical models to predict the performance of a single-machine system under periodic and event-driven rescheduling strategies. International Journal of Production Research, 2000, 38（8）：1899-1915.

[113] Wu S D, Storer R H, Pei-Chann C. One-machine rescheduling heuristics with efficiency and stability as criteria. Computers & Operations Research, 1993, 20（1）：1-14.

[114] Liu L, Zhou H. On the identical parallel-machine rescheduling with job rework disruption. Computers & Industrial Engineering, 2013, 66（1）：186-198.

[115] Church L K, Uzsoy R. Analysis of periodic and event-driven rescheduling policies in dynamic shops. International Journal of Computer Integrated Manufacturing, 1992, 5（3）：153-163.

[116] Hall N G, Potts C N. Rescheduling for new orders. Operations Research, 2004, 52(3)：440-453.

[117] Hall N G, Liu Z, Potts C N. Rescheduling for multiple new orders. INFORMS Journal on Computing, 2007, 19（4）：633-645.

[118] Yuan J, Mu Y. Rescheduling with release dates to minimize makespan under a limit on the maximum sequence disruption. European Journal of Operational Research, 2007, 182（2）：936-944.

[119] Yuan J, Mu Y, Lu L, et al. Rescheduling with release dates to minimize total sequence disruption under a limit on the makespan. Asia-Pacific Journal of Operational Research, 2007, 24（6）：789-796.

[120] Yang B. Single machine rescheduling with new jobs arrivals and processing time compression. The International Journal of Advanced Manufacturing Technology, 2007, 34（3-4）：378-384.

[121] Zhao C, Tang H. Rescheduling problems with deteriorating jobs under disruptions. Applied Mathematical Modeling, 2010, 34（1）：238-243.

[122] Hoogeveen H, Lenté C, T'kindt V. Rescheduling for new orders on a single machine with setup times. European Journal of Operational Research, 2012, 223（1）：40-46.

[123] Zhao Q, Yuan J. Pareto optimization of rescheduling with release dates to minimize makespan and total sequence disruption. Journal of Scheduling, 2013, 16（3）：253-260.

[124] Pai C M, Liu Y L, Hsu C J. Single-machine rescheduling of new orders with learning and deterioration effects consideration. Applied Mechanics and Materials, 2014, 565：198-204.

[125] Hall N G, Potts C N. Rescheduling for job unavailability. Operations Research, 2010, 58（3）：746-755.

[126] Schmidt G. Scheduling with limited machine availability. European Journal of Operational Research, 2000, 121（1）：1-15.

[127] Ma Y, Chu C, Zuo C. A survey of scheduling with deterministic machine availability constraints. Computers & Industrial Engineering, 2010, 58（2）：199-211.

[128] Ji M, He Y, Cheng T C E. Single-machine scheduling with periodic maintenance to minimize makespan. Computers & Operations Research, 2007, 34（6）：1764-1770.

[129] Kacem I. Approximation algorithm for the weighted flow-time minimization on a single machine with a fixed non-availability interval. Computers & Industrial Engineering, 2008, 54（3）：401-410.

[130] Kellerer H, Kubzin M A, Strusevich V A. Two simple constant ratio approximation algorithms for minimizing the total weighted completion time on a single machine with a fixed non-availability interval. European Journal of Operational Research, 2009, 199（1）：111-116.

[131] Kacem I, Kellerer H. Fast approximation algorithms to minimize a special weighted flow-time criterion on a single machine with a non-availability interval and release dates. Journal of Scheduling, 2011, 14（3）：257-265.

[132] Billaut J C, Sourd F. Single machine scheduling with forbidden start times. 4OR, 2009, 7（1）：37-50.

[133] Ángel-Bello F, Álvarez A, Pacheco J, et al. A single machine scheduling problem with availability constraints and sequence-dependent setup costs. Applied Mathematical Modelling, 2011, 35（4）：2041-2050.

[134] 杨善林，马英，鲁付俊. 带不可用时间段的单机调度问题的启发式算法. 系统工程学报, 2011, 26（4）：500-506.

[135] Rapine C, Brauner N, Finke G, et al. Single machine scheduling with small operator-non-availability periods. Journal of Scheduling, 2012, 15（2）：127-139.

[136] Liu F, Wang J, Yang D, et al. Disruption management for single machine scheduling with processing availability constraints. Journal of Industrial Engineering and Engineering Management, 2012, 2：28.

[137] Vahedi-Nouri B, Fattahi P, Rohaninejad M, et al. Minimizing the total completion time on a single machine with the learning effect and multiple availability constraints. Applied Mathematical Modelling, 2013, 37（5）：3126-3137.

[138] Kacem I, Paschos V T. Weighted completion time minimization on a single-machine with a fixed non-availability interval：Differential approximability. Discrete Optimization, 2013, 10（1）：61-68.

[139] Kacem I, Kellerer H, Seifaddini M. Efficient approximation schemes for the maximum lateness minimization on a single machine with a fixed operator or machine non-availability interval.

Journal of Combinatorial Optimization, 2016, 32（3）：970-981.

[140] Kacem I, Kellerer H, Lanuel Y. Approximation algorithms for maximizing the weighted number of early jobs on a single machine with non-availability intervals. Journal of Combinatorial Optimization, 2015, 30（3）：403-412.

[141] Zhong X, Ou J, Wang G. Order acceptance and scheduling with machine availability constraints. European Journal of Operational Research, 2014, 232（3）：435-441.

[142] Liu Z, Ro Y K. Rescheduling for machine disruption to minimize makespan and maximum lateness. Journal of Scheduling, 2014, 17（4）：339-352.

[143] Fan J, Lu X, Liu P. Integrated scheduling of production and delivery on a single machine with availability constraint. Theoretical Computer Science, 2015, 562（c）：581-589.

[144] Blum C, Roli A. Metaheuristics in combinatorial optimization：Overview and conceptual comparison. ACM Computing Surveys, 2003, 35（3）：268-308.

[145] Velho L, Carvalho P, Gomes J, et al. Mathematical Optimization in Computer Graphics and Vision. Amsterdam：Elsevier, 2011.

[146] Bellman R E. Dynamic Programming. New Jersey：Princeton University Press, 1957.

[147] Land A H, Doig A G. An automatic method of solving discrete programming problems. Econometrica, 1960, 28（3）：497-520.

[148] 马红平. 最大团问题及其分支定界法研究. 太原：太原理工大学, 2002.

[149] Marti R, Gallego M, Duarte A. A branch and bound algorithm for the maximum diversity problem. European Journal of Operational Research, 2010, 200（1）：36-44.

[150] Bouabda R, Jarboui B, Eddaly M, et al. A branch and bound enhanced genetic algorithm for scheduling a flowline manufacturing cell with sequence dependent family setup times. Computer & Operations Research, 2011, 38（1）：387-393.

[151] 喻登科. 基于分支定界组合权的综合评价方法. 数学的实践与认识, 2012, 42（22）：64-70.

[152] Larsen M. Branch and bound soulution of the multidimensional assignment problem formulation of data association. Optimization Methods and Software, 2012, 27（6）：1101-1126.

[153] 陈明伟, 朱登明, 毛天露, 等. 基于分支定界法的运动控制相机轨迹跟踪. 系统仿真学报, 2012, 24（9）：212-218.

[154] 叶凌箭, 宋执环. 基于分支定界法筛选完整性的分散控制结构. 控制工程, 2012, 20（1）：34-37.

[155] 周康, 强小利, 同小军, 等. 求解 TSP 算法. 计算机工程与应用, 2007, 43（29）：43-47, 85.

[156] Holland J H. Adaptation in Natural and Artificial Systems. Ann Arbor：University of Michigan Press, 1975.

[157] Metropolis N, Rosenbluth A W, Rosenbluth M N, et al. Equations of state calculations by fast computing machines. The Journal of Chemical Physics, 1953, 21（6）：1087-1092.

[158] Glover F. Heuristics for integer programming using surrogate constraints. Decision Sciences, 1977, 8（1）：156-166.

[159] Colorni A, Dorigo M, Maniezzo V. Distributed optimization by ant colonies. Proceedings of the First European Conference on Artificial Life, 1991：134-142.

[160] Kennedy J, Eberhart R. Particle swarm optimization. Proceedings of IEEE International Conference on Neural Networks, 1995：1942-1948.

[161] Goldberg D E. Genetic Algorithms in Search, Optimization, and Machine Learning. Massachusetts: Addion Wesley, 1989.

[162] 陈国良，王熙法，庄镇泉，等. 遗传算法及其应用. 北京：人民邮电出版社, 1999.

[163] 周明，孙树栋. 遗传算法原理及应用. 北京：国防工业出版社, 1999.

[164] Jerald J, Asokan P, Saravanan R, et al. Simultaneous scheduling of parts and automated guided vehicles in an FMS environment using adaptive genetic algorithm. The International Journal of Advanced Manufacturing Technology, 2006, 29（5-6）：584-589.

[165] Jeon G, Leep H R, Shim J Y. A vehicle routing problem solved by using a hybrid genetic algorithm. Computers & Industrial Engineering, 2007, 53（4）：680-692.

[166] Karahan H, Ceylan H, Tamer Ayvaz M. Predicting rainfall intensity using a genetic algorithm approach. Hydrological Processes, 2007, 21（4）：470-475.

[167] Wade A S, Kyne A G, Mera N S, et al. Genetic-algorithm optimization of a chemistry mechanism for oxidation of liquid hydrocarbons. AIAA Journal, 2005, 43（10）：2259-2261.

[168] Gonçalves J F, Mendes J J M, Resende M G C. A genetic algorithm for the resource constrained multi-project scheduling problem. European Journal of Operational Research, 2008, 189（3）：1171-1190.

[169] Mori M, Tseng C C. A genetic algorithm for multi-mode resource constrained project scheduling problem. European Journal of Operational Research, 1997, 100（1）：134-141.

[170] Kwok Y K, Ahmad I. Efficient scheduling of arbitrary task graphs to multiprocessors using a parallel genetic algorithm. Journal of Parallel and Distributed Computing, 1997, 47（1）：58-77.

[171] Reeves C R. A genetic algorithm for flowshop sequencing. Computers & Operations Research, 1995, 22（1）：5-13.

[172] Wang L, Siegel H J, Roychowdhury V P, et al. Task matching and scheduling in heterogeneous computing environments using a genetic-algorithm-based approach. Journal of Parallel and Distributed Computing, 1997, 47（1）：8-22.

[173] Yamada T, Nakano R. A genetic algorithm applicable to large-scale job-shop problems. PPSN, 1992：283-292.

[174] 王凌. 智能优化算法及其应用. 北京：清华大学出版社, 2001.

[175] Chu C. Efficient heuristics to minimize total flow time with release dates. Operations Research

Letters, 1992, 12（5）：321-330.

[176] Chu C. A branch-and-bound algorithm to minimize total flow time with unequal release dates. Naval Research Logistics, 1992, 39（6）：859-87.

[177] Graham R L, Lawler E L, Lenstra J K, et al. Optimization and approximation in deterministic sequencing and scheduling：A survey. Annals of Discrete Mathematics, 1979, 5（1）：287-326.

[178] Kellerer H, Tautenhahn T, Woeginger G. Approximability and nonapproximability results for minimizing total flow time on a single machine. SIAM Journal on Computing, 1999, 28（4）：1155-1166.